致奋斗者

将来的你一定感谢现在拼命的自己

曾庆灿　编著

团结出版社

图书在版编目（CIP）数据

将来的你一定感谢现在拼命的自己 / 曾庆灿编著
. -- 北京 : 团结出版社 , 2019.4（2023.11 重印）
（致奋斗者）
ISBN 978-7-5126-7041-9

Ⅰ. ①将… Ⅱ. ①曾… Ⅲ. ①成功心理—通俗读物
Ⅳ. ① B848.4-49

中国版本图书馆 CIP 数据核字（2019）第 082363 号

出　版：团结出版社
（北京市东城区东皇城根南街 84 号　邮编：100006）
电　话：（010）65228880　65244790（出版社）
（010）65238766　85113874　65133603（发行部）
（010）65133603（邮购）
网　址：http://www.tjpress.com
E - mail：zb65244790@vip.163.com
tjcbsfxb@163.com（发行部邮购）
经　销：全国新华书店
印　刷：金世嘉元（唐山）印务有限公司

开　本：145mm × 210mm　32 开
印　张：6 印张
字　数：110 千字
版　次：2019 年 4 月　第 1 版
印　次：2023 年 11 月　第 2 次印刷

书　号：978-7-5126-7041-9
定　价：29.80 元

前　言

很多人一生碌碌无为，年轻时慵懒、不作为，年老时徒留遗憾。我想，他们大多数人并不愿意自己这样。

庸碌固然轻松，但现实更为残酷。出身不能选择，但却能选择改变自我。常听庸碌的人说："为什么我就没有一个好爸爸?"常听成功的人说："我只想更努力一些、更精进一些。"仔细观察身边的人，你就会发现，越是有所成就的人过得越充实，生活越忙碌。他们有自己的人生目标、规划，目标锁定每一次机遇，充分发挥自身能力。

反观庸碌的人，上班下班，卧床吃饭，甚至连自己都懒得打理，房间都懒得收拾，他们常常抱怨命运的不公，禁受不住丁点儿的挫折，他们没有目标，没有规划，过一天算一天。他们也经常畅想未来，希望自己能成为科学家、富商或者某个领域的佼佼者，但第二天醒来，又是一副萎靡不振的样子，他们从不将梦想付诸行动，只是痴痴地梦着，偶尔呓语。

成功的人总是年复一年日复一日地坚持着自己的梦想，马云为了阿里一坚持就是二十年；牛根生为了蒙牛一坚持就是十年；俞敏洪为了新东方一坚持就是二十几年……这些成功人士将自己大部分的精力放在那唯一的目标上，不畏艰难险阻，勇于克服重重困难，甚至不惜搭上全部身家和人脉。他们的成功绝非偶然，他们的付出和努力让成功成了必然。

反观庸碌的人，今天一个梦想，明天一个目标，甚至没有哪个目标可以坚持到一个月，“三分钟热度”是他们的代名词。他们往往经受不住挫折和溃败，常常看到失败的苗头就选择了放弃，转身寻找下一个目标，到最后一事无成，还埋怨时运不济。

看看身边那些成功的人，你就会发现，自己过得不好，是因为从未真正拼过。今天的选择和所持有的生活态度，决定着你的未来。

今天的你，一定会感谢现在拼命的自己，因为你努力的样子，在外人的眼中是那么的迷人，甚至连你自己都能感觉到自己每天的进步。变化时刻发生，只是微妙到让人体会不到，它日积月累，只待你厚积薄发的那一天。你还在等什么？从现在开始，制定好目标，勇往直前，努力拼搏！

希望本书能帮助读者朋友找到前进的方向，冲破重重障碍，走向美好的未来！

目　录

第一章　命运掌握在自己手中，谁说这辈子只能这样

做命运的主人，掌握自己的人生 …… 2
无法选择出身，但能够选择命运 …… 5
出身底层不可怕，“英雄不问出处” …… 7
不要抱怨没有一个好爸爸 …… 10
努力做一颗“树”的种子 …… 13

第二章　心中有了“指南针”，才不会走错方向

人生没有目标，就像船没有罗盘 …… 18
目标是一个人成功的起点 …… 21
做人没梦想，跟咸鱼有什么区别 …… 25
如何制定好自己的目标 …… 30
有目标，才有前进的动力 …… 34
如何在忙碌中找寻目标 …… 38
目标专一的人更容易成功 …… 41
细化目标，一次实现一点点 …… 46

第三章　没有不可能的明天，只有不敢想的未来

拥有创新思维，突破重重枷锁 …………………………… 50
特立独行，不做随波逐流的人 …………………………… 53
创意再好，也要在行动中实现 …………………………… 57
在别人说“不”的时候说“是” …………………………… 62
躲在人后的大都是平庸之辈 …………………………… 67
当讥讽扑面而来，你还能否站得稳？ …………………………… 69

第四章　把梦想付诸行动，一次行动胜过一筐空想

付诸行动，梦想才有可能成为现实 …………………………… 72
有梦想，更要善于经营梦想 …………………………… 75
迈出第一步，你才能超越平凡 …………………………… 79
优秀，就是永远比别人多做一点 …………………………… 82
思路决定出路，想到才能做到 …………………………… 84
马上行动，才有可能成功 …………………………… 87

第五章　做好人生规划，避免盲目和重复

一寸光阴一寸金，学会做时间的主人 …………………………… 92
未雨绸缪，人生成功的保证 …………………………… 96
做命运的主人，才能成为生活的强者 …………………………… 101
长跑要有对手，奋力才有意义 …………………………… 106
活着，就是不断选择的过程 …………………………… 111

第六章　不坚持到最后，你就不会知道结局

成功和财富离不开“坚持” …………………………………… 118

每天都要进步一点点，贵在“每天” ……………………… 122

饭要一口一口吃，事要一件一件做 ………………………… 125

成功就是超乎常人的恒心与毅力 …………………………… 127

屡败屡战，才能找到属于自己的一席之地 ………………… 131

拥有坚韧不拔的斗志，才能越挫越勇 ……………………… 133

第七章　抓住机遇，人生随时有可能逆转

机会来临时，你抓住了吗 …………………………………… 138

万分之一的可能也要努力完成 ……………………………… 141

微小机会也许是你崭露头角的机会 ………………………… 143

做足准备，机遇来临才不会措手不及 ……………………… 146

没有机会，就创造机会 ……………………………………… 149

机遇不等人，将不能转化为能 ……………………………… 154

第八章　越挫越勇，苦难是人生的必修课

成功的路上，从来都不是顺风顺水 ………………………… 160

面对残酷的现实，强者往往选择战斗 ……………………… 164

选择了成功，就做好迎接苦难的准备 ……………………… 167

每一种成功，都是由惨痛的失败堆砌的 …………………… 170

超越苦难，屡败屡战才是真正的强者 ……………………… 174

拿得起放得下，输得起才赢得风光 ………………………… 178

每一种创伤，都是一种成熟 ………………………………… 181

第一章

命运掌握在自己手中，谁说这辈子只能这样

拥有好命是每个人的梦想，但是不少人都认为，命运是上天注定的。其实，虽然我们无法选择出身，但是我们仍然可以选择自己的命运。命运其实也欺软怕硬，如果你不想也不敢改变自己的命运，就只能忍受命运的摆布和戏弄。一旦你发愤一搏，定能改变自己的命运，迎来“柳暗花明”的景象。

做命运的主人，掌握自己的人生

“命运”是一个纠缠人类数千年的话题。从古老的紫徽斗数、生辰八字、面相、手相、骨相，到现代的血型、星座……五花八门的分析工具层出不穷、生生不息，反映了人们对于窥破命运密码的热切渴望。

一些人一听到“命运”，要么是迷信到底，要么是嗤之以鼻。其实，“命运”并不神秘，也不深奥，“命运”是由“命”与“运”组成。其中，“命”是过去式，例如你生在何家，例如你被炒了鱿鱼，这些情况都是在发生后你才知道的，是不可更改的事实。而“运”是一个建立在将来时基础上的现在时，你梦想成为富豪，你梦想拥有一份好的工作，你为这些梦想而运筹、而运作、而运动，你通过努力有可能实现它们，这个过程称之为“运”。你“运”得到位，就会有“好运”，也就是说，有好的“命运”。

“命”不好不要紧，试看那些建功立业的伟人们，有几个是含着金汤匙出生的？有几个不是靠自己后天的“运”而一步步走向巅峰的？

李嘉诚的命好吗？也许有不少读者朋友会毫不犹豫地回答：当然好！但编者在此要告诉各位的是：李嘉诚的命很苦。在回忆自己十几岁时的生活状态时，李嘉诚曾说——

“我13岁时父亲得了肺病，我照顾他，后来发现我自己也得了肺病，早上咳血，晚上盗汗，我买来医书，自己看，没有人教我怎么治这种病，我也不告诉任何人，连妈妈都不知道我得了肺病。那时我每天还都要安慰父亲，要他有信心，要生活下去。父亲去世，我 14 岁就挑起家庭重担，我肯吃苦，17 岁靠我去打工家里就有了盈余，弟妹们可以念大学，我自己没有机会，只能请家庭教师。当年真的是很苦，一条毛巾又洗脸又洗澡、用上两三年才能换，换的时候旧毛巾握在手里，外面都看不到，上面只有横竖的纤维，没有毛了。那个时候 3 个月才能理一次发，剃光头。但是在那样的情况下我也没有向别人借过一毛钱，直到后来开始做生意时，才向人借了四五万块钱。我觉得吃过苦好啊……”

还有一个和李嘉诚一样命苦的少年，他的名字叫松下幸之助。因为家境贫寒，松下幸之助在 10 岁时就离开家乡，离开母亲，独自来到几百里外的大阪，到一家火盆店当起了月薪 10 分钱的学徒工。

单看李嘉诚和松下幸之助的少年与青年时期，我们谁——包括他们自己，知道他们命里有几升呢？即使真的有高明的江湖术士知晓他们命中注定会成为一代显富，如果他们不努力地拼搏，显富的头衔会从天上落下来正好掉他们头上？

很显然，所谓的命中注定，实在经不起推敲。法国寓言作家拉封丹曾有过一段妙语：“每个人都把过好日子归功于是自己的才干。要是因为自己的错误导致了失败，他们就咒骂起命运女神来。没有比这件事更为常见：好事归功自己，坏事归罪命运，有理的总是人，错误的总是命运。”拉封丹生动地展示了那些迷信“命运”的人的荒谬。

你我皆凡人，活在人世间。是为活着而活着，还是为自己而活着？平凡人的人生有两种。第一种是静候命运的安排，进退随波，贵贱逐流，就像棋盘上的棋子，将自己的命运全权交付给棋手。第二种是不甘心接受命运的安排，尽管自己只是一枚小卒子，却要做自己命运的主人——这是棋盘上的卒子与作为卒子的平凡人之间的唯一区别：前者无法控制自己的命运，后者在很大程度上可以掌握自己的命运。

汤姆·克鲁斯在出演《壮志凌云》之前，只能在好莱坞扮演一些小角色，有时甚至连一分钱片酬都没有。导演们拒绝他的理由是：不够英俊，皮肤太黑了，演技太幼稚，等等。他们用这些看似非常有说服力的理由，断定汤姆·克鲁斯永远也成不了明星。然而，这些话在今天都变成了笑话。另外，像乔治·克鲁尼在出演《急诊室》之前、金·凯瑞在出演《变相怪杰》之前、尼古拉斯·凯奇在出演《远离赌城》之前，他们都为扮演各种小角色而奔波。但他们后来都成了好莱坞的票房保证。

我们要用自己的脚步，来丈量生命的幅员。一定要相信，命运可以掌握在自己手中，一味地屈从于命运，永远也做不了自己的主人。

无法选择出身，但能够选择命运

我们对自己出身的环境无法选择，因为起点的不相同，结果也就不可避免地大相径庭。有的人一生下来就拥有一个幸福美满的家庭，有的人却要早尝生活的艰辛，而这些都只能是默默接受。从娘胎里出来的那一刹那，就决定了人的出身高低，这公平吗？当然不公平！然而命运虽然决定了你出生的一刻，但你此后的一系列的选择却决定了你出生后的一生。

一个人的出身虽然没法选择，但是除此之外，其他的选择机会是每个人都有的。

你无法改变天气，但是能够改变心情，你无法选择出身，但能够选择命运。

人的一生就是一个选择的过程。这句话道出了人生最朴素、最简单，也是最重要的哲理。因为每个人无论是对生活、爱情与婚姻、友谊，还是对职业、工作、事业等，都有着自己的想法，当他们为了实现心中所想而采取行动的时候，无论是成功了还是失败了，都有一种选择。

每个人都有自己的事业和财富梦想，但大多数人仅止于梦想，他们把成功人士的成功归结于家世、运气、机遇、高智商或高学历等等，然后再拿自己"一穷二白"的情况一比，便唉声叹气，怨天尤人。

不同的思维带来不同的行为，如果一直都跟一群骑自行车的朋友一起，那他想的可能就是如何换一辆名牌山地车，或者换一辆电动车而不汽车。这样的例子有很多，你的命运掌握在自己的手里，决定命运的关键不取决于你能做什么，而在于你与谁在一起。

要想改变命运，心态很重要，所谓“性格决定命运”，好的性格不一定有好命，但要想好命，好性格是必不可少的，必须自信、积极和乐观。不要对生活失去勇气和希望，只要有一线希望，都应该努力抗争。因为当你选择“认命”的时候，其实是在逃避现实，觉得将来面对的是沉重的压力。可是你忽视了，在“认命”的同时，你就已给自己背上了一个更加沉重的包袱，而这种包袱会随着岁月的流逝，让你感到窒息。躲避了一时，又怎能躲过一世？

不要逃避问题，不要说“我没有家财万贯的父母”“我的命就这样了”。所谓的“宿命论”是上古时代的产物。在这种高度文明的科学时代还相信命运这么一回事，是会使人笑掉牙齿的。现在大伙儿都在争取自由，你还口口声声喊着宿命，不但是开倒车，简直把火车开到月台上了。学会解决问题，对什么事情，有什么样的看法，就是什么样的命运，你觉得容易它就容易，你想着艰难它就变得艰难。这一切都是由你自己选择的，所以在行动之前，不先给自己设下许多负面结论，做起来就会容易多了。

你无法选择出身，但你有权利去选择自己要过的生活，勇敢做出选择的人大多都能保持着愉悦的心境——到时就算你不能改变命运，你也可以因为自己的努力与成长，越来越好命！

出身底层不可怕，“英雄不问出处”

身处底层可怕吗？你因此就丧失了斗志吗？请记住这样一个数据：全球有80%的亿万富豪出身贫寒或学历较低，他们白手起家创大业，赢得了令人羡慕的财富和名誉。1999年，美国《财富》杂志首次推出全美40位40岁以下的富豪排行榜，榜上有名的几乎全部是在高科技领域自我创业奋斗的成功人士。

因此，身处底层并不可怕，所谓“英雄不问出处”，很多出身贫寒的人同样可以通过自我奋斗实现自己的梦想。

对于热衷时尚的女人来说，可可·香奈儿绝对不是一个陌生的名字，这是一个触动着每个女人奢侈神经的字眼，它不仅仅是一个时装的品牌、一个香水的品牌，也是一个伟大女性的名字。从一个贫穷的孤女到一个著名的时装设计师，她留给了世人无数的谜团，成就了一个传奇。

1883年8月19日，香奈儿出生于法国的卢瓦尔河畔的索米尔小镇。她的全名是加布理埃勒·香奈儿。据说她是个私生女，对于自己的出生，香奈儿一直讳莫如深，不愿为外人所知。香奈儿12岁那年，她的母亲去世了，于是她被送进了孤儿院，在那里度过了少年的黯淡时光。17岁，她来到另一个小镇，进入了修道院。在当时，妇女的地位极其低下，而一个没有好家境的女孩子要想在社会上生存，是非常艰难的。孤儿院的生活使她明白，高超的针织手艺对于女孩子而言是多么重要，她可以通过针线活来养活自己，于是她靠这个手艺逐渐自立。18 岁那年，她就到一家商店做助理缝纫师来养活自己。

20 多岁时，香奈儿遇上了富有的骑士卡佩尔，并在他的资助下，开了她的第一家帽子店。她设计的帽子宽大实用，受到了许多妇女的欢迎。而这个帽子店也成了日后香奈儿的总店地址。1912 年，趁热打铁的香奈儿又在法国上流社会的度假胜地——诺曼底海边小城开了自己的第一家服装店。当时妇女的服装过于烦琐，香奈儿认为："女人为造成她们举止不便的服饰所束缚，从而被迫依赖于仆人和男人。"因此她的设计风格朴素端庄、简明大方。很快，她这种极富个性的运动衫、开领衬衫、短裙、男式雨衣受到了时髦女郎的注意。她以敏锐的嗅觉，革命性地改变了人们的穿着品位，她的服装解放了传统对女性的束缚，成为社会主流和时尚。1914 年，香奈儿又在巴黎设立了工作室。到 20 世纪 30 年代初她的工作坊已拥有 4000 名职工，年服装销量达 28000 套。香奈儿取得了非凡的成功。

1999 年，《时代》评出 100 年来最具影响力的 20 位艺术家，可可・香奈儿醒目地排在第二位。法国前文化部部长马尔罗说："20 世纪法国将有三个名字永存：戴高乐、毕加索和可可・香奈儿。"她是战后所有女性的抱负和渴望凝聚而成的一个成功的神话。她用自己的事迹证明：贫穷并不可怕，只要你自食其力，努力去奋斗，你就可以过自己想要的生活。她改变了我们对于服装的认识，对于女性的认识，对于人生的认识。可可・香奈儿自强不息，勇于创新的性格使她不断地挑战自己，最终取得了自己非凡的成就。

而在我们眼前活跃着的亿万富翁，成功人士，也有不少出身平凡甚至贫寒。如马云、牛根生、潘石屹、尹明善……名单可以开列很长。他们完全依靠自己非凡的能力、毅力，实现了从无到有的创业梦想。这些来自底层的创业英雄，让我们看到了草根的力量，激活了更多小草般默默无闻的人的创业之梦。

不要抱怨没有一个好爸爸

常听人说：学好数理化，不如有个好爸爸。于是很多人就把自己的失意归结到了父辈的不得志上，抱怨自己出身不济，总觉得“低人一步处处低”。

有了一个好爸爸，自己就可以不用那么辛苦去奋斗，就可以拥有很多；有了一个好爸爸，也许命运就会不同。比如现在很多的“富二代”“官二代”“星二代”们，哪个不是靠着一个好爸爸就可以过着令人羡慕的生活。其实，大可不必在这样的事情上自怨自艾。不要抱怨出身，因为出身无法选择。出身贫困，并不意味着前途暗淡。将帅拔于卒伍，宰相起于巷闾。历史上又有几个伟人是出自名门望族？从小受苦常能使人坚强刚毅，百折不挠。因为出身不好而自暴自弃的，必是懦夫。出身贫寒自然会让人生道路面临一些波折，但“先苦后甜”却是最佳的人生模式。因为贫寒而不断奋斗的人，最能体会到成功的乐趣。

西方有句名言：“使一个人伟大，并不在于富裕和门第，而在于可贵的行为和高尚的品性。”平庸的人总是喜欢找外界不是的种种理由，却不愿意审视自己的不是。他们看得见别人脸上的灰尘，却看不见自己鼻子上的污点。但强者们却总是在调整自己、提高自己，努力地将自己打造成一个与外界和谐的人。他们更加注重自我管理，深知只要自己对了，世界就对了。“现代戏剧之父”易卜生曾经告诫他人：你的最大责任就是把你这块材料铸造成器。说的其实也就是这个道理。不努力的人，出身再好也无用。没有一个好爸爸，但你仍然可以通过自己的努力去改变平庸的命运。

华人首富李嘉诚先生在谈到自己的成功的秘诀时，也不止一次地强调自我管理的重要性。他说："自我管理是一种静态管理。人生不同的阶段中，要经常反思自问，我有什么心愿？我有宏伟的梦想，但我懂不懂什么是有节制的热情？我有与命运拼搏的决心，但我有没有面对恐惧的勇敢？我有信心、有机会、但有没有智慧？我自信能力过人，但有没有面对顺境、逆境都可以恰如其分行事的心力？"

每个人，不管是天赋异禀还是资质平平，不管是出身高贵还是出身贫贱，都应该学会自我管理。"大多数人想改造这个世界，却极少有人想改造自己。"伟大睿智的列夫·托尔斯泰如是说。

你想拥有怎样的世界？你想做怎样的人？——一切主动权都在你的手里。

英雄不问出身，每个人都有追逐梦想，改变命运的权利和机会。如果你出身平庸，甚至贫穷，那也无须眼红别人的家世，更不要抱着"破罐破摔"的思想，觉得出身低微就没有翻身之日了，这样只会让你的处境更加糟糕。纵观历史，那些出色的人难道都是靠着一个好爸爸才成就了自己的不平凡吗。武则天并没有出身名门望族，但她却凭借自己的智慧和能力，创造了一代女皇的奇迹；朱元璋更是出身卑微，可也开创了大明王朝。

可见，"宝剑锋从磨砺出，梅花香自苦寒来。"别让低微的出身成为我们成功路上的障碍，而应该作为激励我们奋斗的号角。相信只要努力战胜了严冬的寒冷，就一样能拥有四溢的香气。

看过韩剧《大长今》的人都知道，长今出生在社会最底层的家庭中，从出生起就不得不过着颠沛流离的生活。在等级制度森严的年代，她是没有读书的权利的。然而长今却不信命，带着对知识的渴求，她常常背着父母去偷听学堂的授课。为此，挨过不少次打，却从来都没有放弃过。她最终成了享誉全国的名医。

抱怨再多，也不可能改变现状，唯有靠着自己的力量，让心中充满活力，才能开辟一片属于自己的天地。千万不要再对自己的家境和父母的平凡耿耿于怀，父母已经给了你伟大的生命，而有怎样的命运完全决定于你付出的努力。

努力做一颗“树”的种子

没有花香，没有树高，我是一棵无人知道的小草。也许很多人会抱怨自己出身的平凡，或者是命运的不济。其实，人的心灵是一颗种子。如果你的种子是草，你就永远是一棵被人践踏的小草。如果你的种子是树，就算被人踩到了泥土里，也早晚有一天会长成参天大树。

新东方的董事长兼总裁俞敏洪在“赢在中国”当评委时，说过一通这样的话——

“我们人的生活方式有两种。第一种方式是像草一样活着。你尽管活着，每年还在成长，但是你毕竟是一棵草。你吸收雨露阳光，但是长不大。人们可以踩过你，但是人们不会因为你的痛苦，而产生痛苦；人们不会因为你被踩了，而来怜悯你。因为人们本身就没有看到你。所以我们每一个人，都应该像树一样成长，即使我们现在什么都不是，但是只要你有树的种子，即使被人踩到泥土中间，你依然能够吸收泥土的养分，自己成长起来。也许两年三年你长不大，但是十年、八年、二十年，一定能长成参天大树。当你长成参天大树以后，遥远的地方，人们就能看到你；走近你，你能给人一片绿色，一片阴凉。你能帮助别人，即使人们离开你，回头一看，你依然是地平线上一道美丽的风景线。树活着是美丽的风景，死了依然是栋梁之材。活着死了都有用。这就是我们每一个同学做人的标准和成长的标准。”

这段典型的俞氏“语录”，用诗一样的感性的语言包装着禅一样的哲理。俞敏洪的这番话可谓有感而发。他来自江苏农村，第一次高考落榜。复读之后虽然幸运地考上了著名的北京大学西语系，但大学几年用他自己的话来说是“不堪回首”。从农村来到北大的他，在全新的环境和各地的同学面前头一次感到了自己的渺小。这个曾经的班长在北大同学的侃侃而谈面前露怯了，在“各方神圣”渊博的知识或出众的能力面前突然感到了失落，找不到自己的位置。郁闷如潮水一样袭来，让他变得沉默寡言，而一场突如其来的肺结核，使他更加压抑。大学期间，他几乎没有在北大学生经典的卧谈会上自信地发表过自己的见解，没有参加过任何一种学生活动，没有主动交往过女生……在大学师生眼里，俞敏洪曾是北大里“最不应该成功的人”。

世界上的绝大多数人属于“草根”。命运的牛羊从我们身上踩过，从来就不会为我们的痛而怜悯、而止步。有一些人会这样嘟哝：“你凭什么踩我？这不公平！”但反抗的声音没有任何人理睬，便只好在生气与郁闷中被蹂躏。还有一部分人会认命，认为被践踏就是草的命运。另外的一部分人，就是如同俞敏洪所说的像树一样的人。不管处境如何，长大长高的梦想始终在心中。

有形的草与树很容易分别，无形的“草”与“树”又如何分别呢？

看到伊能静，大家总无法把磨难与她联系在一起，因为她长了一张太具欺骗性的面孔，美丽无比，生活中也极尽精致：鲜花、香薰、美衣、美食……但事实上她从不认为自己是“花”型女生，反倒更像“草”，贫瘠勃发，怎么踩也踩不烂。幼年时，伊能静像一头小兽，皮肤总晒得黑黑的，爬树爬得比男孩快，没事就偷摘人家的水果，挖人家的地瓜，拿个大铁盆就在路边洗澡，一把就能把狗抓进来。养母用绳子绑住她，系在摊前，而她则拿着树枝在地上画，写字、画画，那是生命中与生俱来的本能。生活的磨难并没有阻止她对于梦想的追求。她从16岁出道，开始混迹于这个残酷却最真实的娱乐圈。就这样，她一直坚持着，努力着，才有了今天这个集美丽和智慧于一身的女子。

没有花香，没有树高，我是一棵无人知道的小草。当一个人身处社会或身边圈子的底层时，失落与郁闷是难免的。但是如果你身处底层，在遭受无视甚至蔑视时，最佳的应对方式是心怀高远之志并暗暗努力。其他什么诸如抱怨、诅咒、悲伤之类的，没有半点实际意义。你一定要相信：小草也可以长成参天大树，没有什么是不可能的。

布衣可以成王侯，贫寒岂能甘沦落？当理想被现实踩进了泥土中，不要悲伤与哭泣。只要种子还在，就有发芽破土、长大成材的机会。而我所要做的就是：呵护好我们的种子，照料好它，直至长大，开花、结果。

罗杰·罗尔斯是纽约历史上第一位黑人州长，他出生在纽约声名狼藉的大沙头贫民窟。在这儿出生的孩子，长大后很少有人获得较体面的工作。然而，罗杰·罗尔斯是个例外，他不仅考入了大学，而且成了州长。在他就职的记者招待会上，他对自己的奋斗史只字不提，他仅说了一个非常陌生的名字——皮尔·保罗。后来人们才知道，皮尔·保罗是他小学的一位校长。

1961年，皮尔·保罗被聘为诺必塔小学的董事兼校长。当时正值美国嬉皮士流行的时代。他走进诺必塔小学的时候，发现这儿的穷孩子比“迷惘的一代”还要无所事事，他们旷课、斗殴，甚至砸烂教室的黑板。当罗杰·罗尔斯从窗台上跳下，伸着小手走向讲台时，皮尔·保罗说：“我一看你修长的小拇指，就知道将来你是纽约州的州长。”当时，罗杰·罗尔斯大吃一惊，因为长这么大，只有他奶奶让他振奋过一次，说他可以成为5吨重的小船的船长。这一次皮尔·保罗先生竟说他可以成为纽约州州长，着实出乎他的意料。他记下了这句话，并且相信了它。从那天起，纽约州州长就像一面旗帜在他的心头飘扬。他的衣服不再沾满泥土，他说话时也不再夹杂污言秽语，他开始挺直腰杆走路，他成了班主席。在以后的40多年间，他没有一天不按州长的身份要求自己。51岁那年，他真的成了州长。在他的就职演说中，有这么一段话。他说，在这个世界上，理想信念这种东西任何人都可以免费获得，所以成功者最初都是从一个小小的理想信念开始的。理想信念是所有奇迹的萌发点。

历史上农民起义领袖陈胜一句“王侯将相宁有种乎？”给后人无穷无尽的启迪。两千多年来，不知有多少出身平凡的人在这句真理的鼓舞下，成为影响一个时代的“王侯将相”。所谓“种”，对于现代人来讲，其实就是一种在信念支配下的精神和行为。

有了这种信念的支持，我们的人生就有了恒久的动力，它指引着我们走向成功。

第二章

心中有了“指南针”，才不会走错方向

俗话说得好：“有目标的人在奔跑，无目标的人在流浪，因为不知道要去哪里！”目标，就是人生路上的“指南针”，它能为我们指明做事的方向。有目标的人，全世界都能成为他的资源，在走向目标的过程中，每一步都能得到滋养。

人生没有目标，就像船没有罗盘

一个人没有明确的目标，就像船没有罗盘一样，在茫茫大海中行驶却没有航向，只能随波逐流。曾有人巧妙地把人生比喻为一条船。在人生的海洋中，很多的船是无舵船。他们总是漫无目的地漂泊，面对风浪海潮的起伏变化，他们束手无策，只有听其摆布，任其漂流。结果他们要么触岩，要么撞礁，以沉没而告终。还有一部分人，他们有方向、有目标，又研究了最佳航线同时学习了航海技巧。这些船从此岸到彼岸，从此港到彼港，有计划地前进。那些无舵船一辈子航行的距离，他们只要两三年就达到了。

一旦一个人明确了目标，下定了决心，有一种对成功的渴望，就会产生强烈的使命感和激情，在这样的情况下，将没有什么能阻止他达到目标。所以，只有目标明确才能在最短的时间达成最好的结果。

本田公司的创始人本田宗一郎 1906 年出生于日本静冈县，1922 年离开家乡来到东京，进入一家汽车修理厂当学徒。他非常勤奋，没多久就成为一名优秀的修理工。1928 年，本田宗一郎开办了一家自己的汽车修理厂，经营得非常成功。但这并不是他所追求的目标。1934 年，他关闭了汽车修理厂，同时成立了东海精密机械公司，主要生产活塞环，并为丰田汽车供货。但这仍然不是本田宗一郎的最终目标。

本田宗一郎在很年轻的时候，虽然一无所有，但有一个雄心勃勃的梦想，他给自己定下了一个目标，那就是要跻身世界最大汽车制造商的行列。

开办汽车修理厂和生产活塞环，都只是为了实现这个远大目标所做的铺垫。因此，在 1945 年，他将蒸蒸日上的东海精密机械公司卖给了丰田公司，并于 1946 年创建了今天的本田技术研究所，开始研发、生产摩托车。

现在，本田宗一郎的这一目标已经实现。在全球小轿车市场，本田的生产销量和市场份额与日俱增，和通用、福特、丰田、戴姆勒—克莱斯勒共同跻身于全球最著名的汽车销售商之列。

1953 年，耶鲁大学对当年的毕业生进行了一次有关人生目标的调查，当被问及是否定有明确的目标以及达到目标的书面计划时，结果只有 3%的学生给予了肯定的回答。20 年后，人们对这些毕业多年的学生进行了跟踪调查，结果发现：那 3%定有明确目标的学生在经济收入上要远远高于其他 97%的学生。

本杰明·迪斯雷利当选英国首相后，曾在一次简短的演说中对自己的成功进行总结，“成功的秘诀在于确定自己的目标”。迪斯雷利原本只是一名毫无建树的作家，写过不少小说和政论作品，但都没有给人留下深刻印象。后来他涉足政坛，并下定决心要成为英国首相。他克服重重阻力，谋求政治上的发展，先后当选议员、高等法院首席法官、下议院主席、保守党领袖等，并终于在 1868 年实现了自己的目标，成功当选为英国首相。

一个人如果没有明确的目标，以及实现这项明确目标的明确计划，不管他如何努力做事，都像是一艘失去方向的航船。因此，一个对未来充满了向往的人，一定要确立好自己的目标。一个人过去或现在的情况并不重要，将来想要获得什么成就才最重要。目标是对于你所期望成就的事业的真正决心，只有拥有了目标的指引，你才可能获得成功。

一个人走在通向成功的途中，他可以一无所有，但不能没有梦想。一个人若想成功，首先要明确自己最渴望的是什么。对于一个渴望成功，并一直为之努力的人来说，最迫切、最渴望的事莫过于确立人生的目标。

对于我们大家而言，梦想不仅是行动的主要推动力，梦想也是诸多才能中最重要的因素。那些可以明确说出他们梦想的人，比那些对自己要什么都只有一个模糊概念的人，会有更多的机会去实现他们的梦想。

正如空气对于生命一样，目标对于成功也有绝对的必要。如果没有空气，没有人能够生存；如果没有目标，没有任何人能成功。没有目标，不可能发生任何事情，也不可能采取任何行动。如果一个人没有目标，就只能在人生的旅途上徘徊，永远到不了理想的终点。

目标是一个人成功的起点

目标使人向前进而不是向后退。人的一生中，目标是行动的导航灯。没有目标，我们几乎同时失去机遇、运气和他人的支持。因为不知道自己到底想要什么，也就没有什么能帮助你，就像大海中的航船，如果不知道靠岸的码头在哪里，也就不明确什么风对你来讲是顺风。

奋斗的动力来源于伟大的目标，骄人的成就也归功于对目标孜孜不倦的追求。

在 15 岁的时候，萨巴塔就把自己一生要做的事情列了一份清单，称作“生命清单”。在这份排列有序的清单中，他给自己明确了所要攻克的 127 个具体目标。比如，探索尼罗河的源头，攀登世界第一高峰珠穆朗玛峰，走访马可·波罗的故道，读完莎士比亚的著作，写一本书，参观月球等。

在把生命中的梦想庄严地写在纸上之后，他开始循序渐进地实践。为了实现这些目标，萨巴塔历经磨难，曾经 18 次死里逃生。在 44 年后，他以超人的毅力和非凡的勇气，在与命运的艰苦抗争中，终于实现了 106 个目标，成为世界上最著名的探险家。

萨巴塔的令人感动之处，不仅仅是因为他创造了许多人间奇迹，做了许多有益于人类的事情，更主要的是他那种矢志不渝、坚忍不拔的奋斗精神，以及由“生命清单”而延伸出来的高质量的人生。

要想做一个成功的人，首先必须有明确的人生目标。没有人生目标，也就没有具体的行动计划，没有行动计划，做事就会没有方向感，敷衍了事，临时凑合，也就没有责任感，更谈不上什么坚强毅力、斗志昂扬了。没有目标，任何才能和努力都是白费。

年轻的你应当有自己的人生目标和人生追求。在确定了目标之后，或许经过一生的奋斗也未能实现，但这并不意味着因此就失去了制定目标的价值。正因为有了目标，才能使你走向充实，而不是走向虚无，这就是制定目标的价值。

所谓制定目标，就是在生涯路线上，确定自己的前进方向和目的地，即多大年龄实现什么目标，干成什么事业，要清清楚楚地在生涯路线上标示出来。

任何意义上的成功与进步，都是渐进螺旋式的。目标不变，只要不断地改进方法，就一定会穿越极地，达到成功的彼岸。凡成功者，必有坚定而明确的目标。每个人都会向往一件事，但真能做事、成事的，却只有那些有意志和终极目标的人。

目标能够帮助我们集中精力。当我们不停地在自己有优势的方面努力时，这些优势会进一步发展。最终，在达到目标时，我们自己成为什么样的人比我们得到什么东西重要得多。

目标使我们有能力把握现在。虽然目标是朝向将来的，是有待将来实现的，但目标使我们能把握住现在。把大的任务看成是由一连串小任务和小的步骤组成的，要实现理想，就要制定并且达到一连串的目标。每个重大目标的实现都是几个小目标小步骤实现的结果。如果你集中精力于当前手上的工作，心中明白你现在的种种努力都是为实现将来的目标铺路，那你就能成功。

不成功者有个共同的问题，他们极少评估自己取得的进展。他们中的大多数人或者不明白自我评估的重要性，或者无法量度取得的进步。目标提供了一种自我评估的重要手段。如果你的目标是具体的，是看得见摸得着的，你就可以根据自己距离最终目标有多远来衡量目前取得的进步。

成功人士总是事前决断，而不是事后补救。他们提前谋划，而不是等待别人的指示。他们不允许其他人操纵他们的工作进程。目标能帮助我们事前谋划，目标迫使我们把要完成的任务分解成可行的步骤。要想制作一幅通向成功的交通图，你就要先有目标。

因为缺乏目标，许多不成功者常常混淆了工作本身与工作成果。他们以为大量的工作，尤其是艰苦的工作，就一定会带来成功。但是，衡量成功的尺度不是做了多少工作，而是做出了多少成果。

比赛尔是西撒哈拉沙漠中的一颗明珠，每年有数以万计的旅游者来到这儿。但是，在肯·莱文发现它之前，这里还是一个封闭而落后的地方。这儿的人没有一个走出过大漠，据说不是他们不愿离开这块贫瘠的土地，而是尝试过很多次都没有走出去。

肯·莱文当然不相信这种说法。他用手语向这儿的人问原因，结果每个人的回答都一样：从这儿无论向哪个方向走，最后都还是转回出发的地方。为了证实这种说法，他做了一次试验，从比塞尔村向北走，结果三天半就走了出来。

“比塞尔人为什么走不出来呢？”肯·莱文非常纳闷。最后他只得雇一个比塞尔人，让他带路，看看到底是为什么。他们带了半个月的水，牵了两峰骆驼。肯·莱文收起指南针等现代设备，只拄一根木棍跟在后面。

十天过去了，他们走了大约 800 里的路程，第十一天的早晨，他们果然又回到了比塞尔。这一次肯·莱文终于明白了，比塞尔人之所以走不出大漠，是因为他们根本就不认识北极星。

在一望无际的沙漠里，一个人如果凭着感觉往前走，会走出许多大小不一的圆圈，最后的足迹十有八九是一把卷尺的形状。比塞尔村处在浩瀚的沙漠中间，方圆上千公里没有一点参照物。若不认识北极星又没有指南针，想走出沙漠，确实是不可能的。

肯·莱文在离开比塞尔时，带了一位叫阿古特尔的青年，就是上次和他合作的人。他告诉这位汉子，只要你白天休息，夜晚朝着北面那颗星走，就能走出沙漠。阿古特尔照着去做，三天之后果然来到了大漠的边缘。阿古特尔因此成为比塞尔的开拓者，他的铜像被竖在小城的中央。铜像的底座上刻着一行字：新生活是从选定方向开始的。

无论你现在多大年龄，你真正的人生之旅，是从设定目标的那一天开始的，以前的日子，只不过是在绕圈子而已。今天的你，应该为十年以后的成功制定目标。

做人没梦想，跟咸鱼有什么区别

这个世界上含着金汤匙出生的人毕竟是少数，而贫富无根，所以有一句俗话叫“穷不过三代，富不过三代”。一个人穷，固然有先天的因素，但是后天的努力却是最重要的。而决定你是否能创造属于自己的财富，最首要的就是有没有梦想。如果一个人连想都不敢想，又如何能做到呢。

在电影《喜剧之王》中，尹天仇醉心戏剧表演却始终不得志，但他依然不屈不挠的找寻机会，还在街坊福利会开设戏剧训练班。他有一句名言“我其实是一个演员”，初听这句话的时候，会觉得有一种阿 Q 式的滑稽，甚至会让人觉得他为人浮夸，没有一点脚踏实地样子，但是，通过不懈的努力，在遭到无数挫折、讥笑、排挤之后，他的努力终于得到回报，他成了一位大明星。尹天仇这样的人或许就是你，或许就是我，或许就是我们身边的某一个人。他们出身草根，身份卑微，却醉心于自己的梦想，直到某日鱼跃龙门，人们才发现原来当初那个傻傻的他是如此了不起。

穷人也应有理想，尽管“穷人”的大事多么寂静。但是，一个人，尤其是穷人，如果没有梦想，那么他的意志会很消沉，没有一点儿斗志，做什么事情都是随随便便的。那么他身上宿命的诅咒便会重现。没有理想的人永远也不会得到打开成功大门的钥匙，因为他没有自己的梦。但也不是有了梦想，所有的人都会成功，他们也要经过自己的艰苦奋斗后，才会成功。

人们总是嘲笑这么一个故事：一个穷人的老婆买回来一个鸡蛋，穷人说："如果用这个鸡蛋孵出一只鸡，鸡再生蛋，蛋再生鸡，再用一群鸡去换一只羊，大羊生小羊，羊再换牛，大牛生小牛，卖了牛买田盖房，再娶一个小老婆……"听得入神的老婆勃然大怒，操起鸡蛋往地下一摔，穷人的美梦顿时稀烂……这个故事说明什么呢？也许反过来想，如果一个穷人甚至没有把鸡蛋孵成鸡的想法，那又是何等的悲哀？

世间任何一个人的生命，都不可能被别人保证。能保证一个生命走向的，除了梦想、才华、勇气、自信、毅力和汗水，别无其他。这是因为，有梦想才会有希望。

生命是最具张力和韧性的个体，一个人，只要他心中的激情不减，只要他永不言败，不轻易放弃自己的努力和追求，那么他就一定会有被机会垂青的那一天。因为梦想恰如源泉，在他的浇灌之下，生命的花朵一定会越开越艳。

在现实生活中，有这么一位少年。他家住在一个偏远的山村，那里到了20世纪90年代中期甚至都没有一条像样的公路。这是一个非常穷困的地方，唯一的小学在离村子十多里的镇上。但是这位少年的家庭在当地又算是非常贫穷的，据说他每次上学的时候都必须兼着一样农活——放牛。他就是这样，每天赶着牛走上十多里的路，清晨出发往学校去，到了学校把牛放在某片草地里，然后就去上课。他常常上着课就朝着窗外大声吆喝，因为没有人在，牛常常偷偷去吃农民的庄稼。

人们是这样形容这位少年的，在同龄人中他显得那么高大，但是却衣着粗陋，几乎是衣不蔽体。头发蓬松，脸很脏，经常流着长长的鼻涕，人们也因为他的鼻涕给了取了一个不怎么雅观的外号。但是，当人们带着鄙夷的眼神，侮辱的语言对待他的时候，他总是傻傻地一笑，从不还嘴，也不还手。于是，人们又一致认定他很傻。而这样的智力障碍者，在农村比比皆是，犯不着有什么惊奇。

少年读到初中的时候，家里实在无法供他读书了，久病在床的父亲，单薄的母亲，以及年少的弟妹。让这位少年做出了一个艰难的决定，南下广州。

没有文化、人也不那么机灵的他唯一能干的活就是去建筑工地做小工，和砂浆，砌砖头，扛水泥，扎钢筋等等。当他把第一笔工资省下来寄给家里的时候，他说“我妈在春节的时候都还哭呢”，妈妈的哭声一定包含了很多种感情因素。一个远在他乡年少的孩子，一个穷困的家庭，次好不容易可以度过的经济危机。

这位少年某一次上街买东西，看见有一些人在欺侮一个人。出于山里少年的质朴，他并没有问是非原因。毅然挺身去替那个被打得遍体鳞伤的人打抱不平，由于他身材魁梧，力气很大，很快就解决了问题。那位男人很感激地看着他，问他道：“小伙子，有什么需要帮助的吗?”他傻笑着说：“没什么要帮助的。”那个男人还是不甘心问他：“那你最想要什么?”他质朴地回答道：“我就想要钱，我家里穷得很。”

男人是一家企业的老板，因为办事时偶然和人起了口舌之争，因而陷入困境。他很喜欢这个愣愣的小伙子。于是从一个工人开始培养他，不久后，他就升任车间的班组长，接着是车间主任，接着是厂长。当他还是厂长的时候，他去对他的老板说道：“老板，我想单干。”老板虽然很不舍，但是也不想耽误这位年轻人的前程，于是分给他一些设备，介绍给他一些客户，并且送了他一笔启动资金。

就这样，这位少年很快就建立了一个像模像样的电子厂。由此开始，他的企业逐渐增大，前些年成为了一家上市企业。当年加拿大一家DVD企业曾经控告他侵犯知识产权，他做出了赔偿。但是就在前年他收购了这家加拿大的公司。

这是一则真实的故事，一个农村少年的奋斗史。这位少年一无文化，二无资本，但凭着他敢想敢干的性格，成为一位知名的企业家。或许，梦想正是推动他前进的最大动力。

做人最重要的就是相信自己，每个人的头上都有一片天空，上帝从来不会辜负勇于做梦并勤于付出的人。

林肯总结自己一生的经历得出这样的结论：自然界里的喷泉的高度不会超过它的源头，一个人最终能取得的成就不会超过他的信念。我们的先辈在经历或目睹了太多的翱翔或匍匐之后，意味深长地告诉我们这样的人生哲理！所以说，贫穷并不可怕，有梦想就有改变贫穷的希望。但很多人都有一个弱点，就是以自己的成见来揣度一切人、事、物。当他们陷入逆境后，思考习惯就沉浸在贫穷、缺乏、失败和不如意之中，无法自拔。认为自己只是一个平凡的人，只能做一些平凡的事，而人的希望越大，失望就会越大，不如随波逐流，随遇而安，不敢再去梦想自己的将来。其实，逆境不是成长的障碍，而是润滑油。因为它可以锻炼我们"克服逆境"的种种能力。犹如精良的斧头，锋利的斧刃要经过炉火的锤炼与磨削才能形成；森林中的大树，在同暴风猛雨搏斗过千百回后，树干才会长得结实。人也只有在遭遇了种种逆境，他的人格、本领，才会长得丰满。一切磨难、忧伤与悲哀，都足以磨砺我们、锻炼我们。像钱俊冬，困苦的生活塑造了他不怕吃苦的坚强和坚韧性格，困境的日子倒是他一生历久弥新的永恒财富。

人生真的是梦做出来的，越是卓越的人越是梦想的产物。可以说，梦想越高，人生就越丰富，达成的成就越卓越。像有句苏格兰谚语说的："扯住穿金制长袍的人，或许可以得到一只金袖子。"那些志存高远的人，所取得的成功必定远远离开起点。即使你的目标没有完全实现，你为之付出的努力本身也会让你受益终身。一个具有崇高生活目的和思想目标的人，毫无疑问会比一个根本没有目标的人更有作为。

因此，困境中也要坚守梦想。越是身处困境越不能失去信心和希望，越应当将其化为努力奋斗的助推力。把客观存在的困难作为人生的新起点，用以编织绚丽多彩的梦想与未来，必将迎来一个精彩美丽的人生！

如何制定好自己的目标

平平安安地过日子是大部分人生活的目标。对此，只需付出每天过日子的必要精力就足够了。这种没目标的生活，不过是以看看电视而虚度生命。每晚时间在虚幻的悲喜剧、推理侦探故事、离奇怪诞影片等电视世界中消耗。夜幕一降，他们就习惯地坐到电视机旁，兴趣盎然地望着一个个画面。殊不知电视明星们正是瞄准了这些人而实现了自己的人生目标。

你有目标吗？如果没有，请静下心来，根据自己的兴趣、特长以及客观情况，为自己量身定制一个吧。当你有了自己的人生方向时，如何去制定切实可行的人生目标呢。

一般说来，最好是建立短期目标、中期目标和长期目标。在工作的不同阶段，要对形势发展进行分析，确定下一步方案。将计划进程的详细步骤列出来，可帮助你有效地对付工作或环境等条件变化可能带来的不利影响。你可以和你的同事、朋友、一上司和家人共同探讨、努力，争取实现每一阶段的目标，或者改进计划，使之更加切实可行。订立了目标之后，不管目标是什么，都必须有务必实现的决心，才能称之为“目标”。订立了明确的目标之后，就要尽快地达成，这是最重要的先决条件。

规划未来并不能保证将来摆在面前的一切困难和问题都能得到解决或变得容易，也没有可以套用的现成公式。但是，它有利于你及早发现和较好解决新难题。

规划未来有助于提高你解决问题和调整心理的能力。当你想成就一项事业时，它会告诉你在每一步该干些什么，怎么干。比如你想成为一个企业家，可你眼下却还在给别人打工！怎么办？你可以尽其所能地让自己成为企业家。尽管无法预见将来社会会发展到什么程度，也不能预见我们每一个人的命运，但是，按照对未来的规划有条不紊地循序渐进是最重要的。只有这样，你才能不断地接近自己的理想。

如何规划未来？目标定得太低，就无法充分发挥个人的潜力；目标定得太高，就无法实现。必须衡量自己的能力，稍微高于自己能力可做到的程度，那才是好目标。那么，制订一个什么样的目标，怎样制定日标呢？

做任何事情，我们都要找其规律，只有这样，我们才能事半功倍，反之，则事倍功半。制定目标亦如此，如果我们能合乎规律地科学制定目标，也许就会早几年出人头地了。

明确的目标让我们有所适从、有所安心，可以指导我们的行动，否则我们在生活中就会像无头苍蝇一样到处乱窜。当我们有了目标与方向，就有理由使自己不断前进，不断成长，开创新天地，发挥创造力。要设立目标需要努力自律，一旦建立好了目标，就需要更多的努力并夜以继日来逐步实现。而督促职业生涯的航标不脱离目标，以及不断给自己设定新的目标，则需要更多的努力和自律。

要明白自己是什么样的人，搞清楚自己的真正需要，树立起明确的目标，并培养出强烈的动机和热情，朝你心中向往的那个方向前进。这是你自己的挑战，与其他任何人都无关。你必须面对现实，生活中每一件值得获取的事——冒险、轻松的心情、爱、精神上的成就、友谊、满足与愉快——都有代价，任何能使你的生存更有价值、生活更有意义的事都需要付出努力、时间、心血和行动。如果你不这样想的话，就一定会陷入更多的挫折。

为了制订适宜的目标，应该遵循以下基本原则：

(1) 目标的明确性

有些人也有自己奋斗的目标，但是他们的目标是模糊的、泛泛的、不具体的，因而也是难以把握的，这样的目标同没有差不多。

目标不明确，行动起来就有很大的盲目性，就有可能浪费时间和耽误前程。

生活中有不少人，有些甚至是相当出色的人，就是由于确立的目标不明确、不具体而一事无成。

(2) 目标的可行性

一个人的奋斗目标，一定要根据自己的实际情况来确定，要能够发挥自己的长处。我们通常把欲望和需要混为一谈，以至于我们看不到真正本质性的东西。由于这种混淆容易扭曲我们对成功的界定，因而把我们真正需要的事物与那些我们不需要或仅仅是想象中的事物区别开来是很重要的。

(3) 目标的专一性

一个人确定的目标要专一，而不能经常变幻不定。

确立目标之前需要进行深入细致的思考，要权衡各种利弊，考虑各种内外因素，从众多可供选择的目标中确立一个。

一个人在某一个时期或一生中一般只能确立一个主要目标，目标过多会使人无所适从，应接不暇，忙于应付。

生活中有一些人之所以没有什么成就，原因之一就是经常确立目标，经常变换目标。

（4）目标的具体性

确定目标不能太宽泛，而应该确定在一个具体的点上。如同用放大镜聚集阳光使一张纸燃烧，要把焦距对准纸片才能点燃。如果不停地移动放大镜，或者对不准焦距，都不能使纸片燃烧。

这也同建造一座大楼一样，图纸设计不能只是个大概样子，或者含糊不清，而必须在面积、结构、样式等方面都是特定和具体的。目标应该用具体的细节反映出来，否则就显得过于笼统而无法付诸实施。

（5）目标的长远性

一个人要取得巨大的成功，就要确立长远的目标，要有长期作战的思想和心理准备。任何事物的发展都不是一帆风顺的，世界上没有一蹴而就的事情。

有了长远的目标，就不怕暂时的挫折，也不会因为前进中有困难就畏缩不前。许多事情不是一朝一夕就能做到的，需要持之以恒的精神，还必须付出时间和代价，甚至一生的努力。

目标有大小之分，这里讲的主要是有重大价值的目标。只有远大的目标才有崇高的意义，才能激起一个人心中的渴望。

有目标，才有前进的动力

目标是一个人追求的目的地，是一个其努力想要得到的结果。动力与目标又有何联系？如果说，达到目标的起点到终点，是一段路，那么这段路的中途便是动力，而起点就是制定目标，终点就是达到目标。很多人都有过这段路的历程，比如姚明。

大家都知道姚明有着一个高大的身躯，可这不见得这一定是好事。姚明小时候，个子就很高了，当然，他的脚也特别大。有时候，父母要给他买双鞋，可能要跑遍整条街，有时还买不到一双——他的脚太大了。姚明很难过，这种情况就只有定做鞋子。姚明听说进NBA能够有定做鞋子的“特权”。于是姚明定了一个目标——要进NBA——最初的想法只是想不必为鞋子而烦恼。

姚明成功了，他走过了一条“路”——达到目标的路，不容忽视的是他达到目标所付出的努力，又是什么赐予了他动力呢？是目标，对于目标的渴望。姚明是那一段“路”的“胜利者”。

可见动力确实来源于目标，目标的高低，决定了“路”的长度，也决定了需要动力的多少。动力是追寻目标的必经，而动力也来源于目标。

一个名叫弗罗纶丝查德威克的美国妇女，她是横渡英吉利海峡的第一位女性，在这个壮举之后，她决定要横渡卡塔林纳海峡，而这个海峡比她原来横渡的英吉利海峡还要宽，也就是要从加利福尼亚海岸以西21英里的卡塔林纳岛游向加州海岸。那么要是成功了，她就是第一个游过这个海峡的女性。

在1952年的7月4号早晨，加利福尼亚西海岸及附近的太平洋洋面，笼罩在浓雾中。那天早晨，海水冻得她身体发麻，最主要是雾也很大，她就连护送她的船几乎都看不到。她一个人坚定地游着。千万人在电视上看着。时间一小时一小时过去，经历了15个小时后，她仍然在游。终于她感觉到自己又累又冻，她知道自己不能再游了，于是她就请求随船的教练以及她的母亲把她拉上船。但是他们告诉她不要放弃，只要再坚持一下就到了。可是这个时候由于她看不到加州海岸的方向，所以她这个时候就决定放弃，随船的教练及她的母亲都告诉她海岸很近了，不要放弃。但她朝加州海岸望去，浓雾弥漫，什么也看不到！最后，在她的再三请求下，人们把她拉上船，而这个时候她已经游了15小时55分钟，离加州海岸只有半英里！后来她总结道，令她半途而废的不是疲劳，也不是寒冷，而是因为在浓雾中看不到目标。“说实在的，”她对记者说，“我不是为自己找借口，如果当时我能看到陆地，也许就能坚持下来。”迷茫的目标，动摇了她的信念。两个月后，她成功地游过同一个海峡，仍然是游过卡塔林纳海峡的第一位女性，且比男子的纪录快了大约两小时。

可见，只有有了目标，才会有前进的动力。在明确了自己的目标之后，合理地安排实现目标的步骤和计划，并按照这个计划脚踏实地地实施，这样，目标就形成了一股前进中的动力，不断地推动你前进。

目标是一种目的，一种意向，是个可以实现的梦。确立目标，然后勇往直前。这也是我们在奋斗过程中战胜压力的精神基础。

目标能够激发出难以置信的能力，改写一个人的命运，甚至使一个行走不便的人成为一个传奇人物。

有一位房产商人，居然记不清自己手头到底有多少宗交易。他先是做一座建筑物的生意，接着增加到两座，后来目标更大了，再扩展到别的业务。他说："那时候刺激得很，我在试验自己的极限。"

有一天，银行来了通知，说他扩张过度冒了太大风险，并停止信贷。于是这位商人失败了。起初他怨天尤人，埋怨银行，埋怨经济环境，埋怨职员。最后他说："我明白我没量力而为，欲速不达。"

后来他找到了一个重要目标，也是他最拿手的生意——发展地产。

他熬了好几年，做事也更有分寸了。

有自知之明地选择一个适合自己的目标，分开轻重缓急，组织好有助于这目标实现的活动，这样你就会激励自己不断做出成绩，越来越接近成功的目标。

你必须忠实地分析自己的处境，在原来的目标废弃之后，强迫自己另谋生计，重新掌握生活，创造前途。

不要怕你自己太年轻，所以还要计划几年才开始创业，几十岁的时候才开始成功……这是借口。很多人说他们自己才 20 岁，太年轻，不敢创业；到了 30 岁又说资金不足，还是不能冲动；到了 40 岁又说有家庭的牵连，妻子、孩子都需要他，所以他不能出去创业；到了 50 岁，又说太老了，他们一辈子从来没有一天是成功的。

很多人很年轻就成功了。香港首富李嘉诚 16 岁时开始做推销员，18 岁时成为公司的业务经理，20 岁时成为公司的总经理，22 岁就创办长江实业。很多成功人士都比你年轻，可他们为什么能成功呢？

成功与年龄无关。

世界上不少失败者的一生其实并没有犯过大错，但由于本身弱点太多，懦弱而无能，目标是有了，但干什么都半途而废，一有挫折便自暴自弃，不求上进，意志不坚强，忍耐力难持久，敢作敢为的决断力也没有，使他们陷入失败的境地。假如他们能从中彻底反省，超越自我，树立一个明确的目标，下定决心，持之以恒，他们的前途必将是一片光明。因此，无论什么时候，要经常提醒自己坚持下去。

要真正实现超前一步，战胜压力，选择合适的人生坐标，实现自己的人生梦想，又谈何容易！我们除了要有渊博的知识、敏捷的思维、较强的预见能力、选择恰当的岗位和抓住成功的机遇外，还需要一系列其他条件，例如要紧跟时代步伐，不断地给大脑充电，增补新知识，还要消除自身一些不良习惯的影响等等。这所有的条件，都是我们实现自身理想的重要基础，缺一不可。这就是为什么有人能够平步青云，不断地一步步地向成功的巅峰靠拢，而另一些人却不断受挫，举步维艰。

所以，我们要明确目标，并为实现目标寻找无限的动力，专注实现自己的目标，并且这个目标要切合实际，不要空想，而是要有坚定的信念去实现这个目标，为了目标从细微处入手，脚踏实地地一步步去实现它，而不是高谈阔论、满腔热血、一脑袋空想！当然，有一个远大的目标更好，只要你不是空想！

如何在忙碌中找寻目标

都市的快节奏，让置身其中的人忙得如陀螺般转。随便找个朋友，问他最近怎么样，其回答十有八九是一个字：“忙!”

似乎“忙”已经成了都市人的常态。都市米贵，居住不易。暂时坐稳了房奴与还未做成房奴的人，整天疲于奔命。告别了房奴生涯的人，或许又是车奴、卡奴。纵然已经步入小康的人家，也丝毫不能有所怠懈，为了支付各种费用，很多人搞得自己就像那些蹬着小铁笼子不停转圈的小老鼠一样，无论蹬得多快，多卖力气，到了第二天早上醒来，发现自己依然困在笼子里。在忙忙碌碌中，生活被塞满了原本不属于自己的东西，却不得不为其奔波。

我们可以很忙，但一定要忙得有价值。浑浑噩噩如没头苍蝇似的忙，除了证明活着外没有什么实际意义。我们最好能够知道，自己每天是为什么而忙碌。

一个没有目标的人，就像漂浮在海上一只无舵之船随波逐流，船不是触礁，就是搁浅，或者被卷入漩涡原地打转。浑浑噩噩地生活，是许多人陷入人生困局的原因之一因为，假如你不知道你的方向，那么哪一种风对于你来说都可能是逆风。

在我们的生活中，路标处处可见。每一个路口，每一个街道拐角，路标都在提示着我们，我们到达了哪里，离我们的家、公司、学校还有多远。我们的生活中没有目标，就不可能使生活发生任何实质性的改变，也不可能采取任何行动。如果一个人没有目标，就只能在人生的旅途上徘徊，永远到达不了目的地。

正如空气对于生命一样，目标对于成功也是绝对必要的。如果没有空气，就没有人能够生存；如果没有目标，也没有任何人能够成功。

维克多·弗兰克尔用事实最贴切地说明了“人不能没有目标地活着”的道理。

第二次世界大战期间，在越南行医的精神医科专家弗兰克尔不幸被俘，后来被投入了纳粹集中营。他经历的极其可怕的集中营生活使他悟出了一个道理——人是为寻求意义而活着。在集中营里他与他的伙伴们被剥夺了一切——家庭、职业、财产、健康甚至人格。弗兰克尔不断地观察着丧失了一切的人们，同时思索着“人活着的目的”这个老生常谈的最透彻的意义。在此期间他曾几次险遭毒气和其他残害，然而他仍然不懈地研究着集中营的看守与囚徒双方的行为。最终他完成《夜与雾》一书。

在此书中，弗兰克尔用极其真实、有力、生动的论据和论点简述了人活着的目的。此书对于世界上一切研究人的行为的学者来说，都是极有价值的。弗兰克尔的理论是在长期的客观观察中产生的，他观察的对象是那些每日每时都可能面临死亡，即所谓失去生命的人们。在亲身体验的囚徒生活中，他还发觉了弗洛伊德的错误，并且反驳了他。

弗洛伊德说：“人只有在健康的时候，态度和行为才千差万别。而当人们争夺食物的时候，他们就露出了动物的本能，所以行为变得几乎无以区别。”而弗兰克尔却说：“在集中营中我所见到的人，却完全与之相反。虽然所有的囚徒被抛入完全相同的环境中，有的人消沉颓废下去，有的人却如同圣人一般越站越高。”他还从实际中悟到：“当一个人确信自己存在的价值时，什么样的饥饿和拷打都能忍受。”而那些没有目标地活着的人早早地毫无抵抗地死掉了。

在那充满死亡意味的集中营里，弗兰克尔的一位好友曾对他说：“我对人生没有什么期待了。”弗兰克尔否定了这位朋友的悲观人生态度，鼓励他说：“不是你向人生期待什么，是生命期待着你！什么是生命？它对每个人来说，是一种追求，是对自己生命的贡献。当然，怎样做才能有贡献？自己的追求是什么？每个人都不一样。而怎么回答这些问题是我们每个人自己的事情。”

有生命的地方就有希望。有希望的地方就有梦想。

“有了清楚的梦想，加上反复地充实与描画，梦想就能变成目标。”目标经过细致认真的研究，对胜者来说，就可看成行动的计划。胜者认为，当目标完全融于自己的人生时，目标的达成就只是时间问题了。

目标专一的人更容易成功

目标必须是明确而唯一的。有一个手表定理这样说：如果给你一块手表，你能很准确地知道现在的时间；而如果同时拿着两块手表，它们所指的时间不同，你却不敢肯定哪一个准了，反而失去了对手表指示时间的信心。

努力做事的人，一定有坚强的毅力，他可以将原本制定好的计划和确定好的目标一步步完成，不受任何外来因素的干扰。

现实生活中，有些人虽然有很高的理想，也会时常为实现某一目标而突发奇想地制定一个计划。可是在实施过程中，却没有按计划去做，计划最终落空，这些人多是因为自己没有足够的毅力，慢慢地就冷却淡忘了：所以说，工作时仅仅制定目标是不够的，一般的人都会订立目标，但是有的成功了，有的却失败了，这取决于他是否专一于他所认定的目标。

有这样一则由三幅图画构成的漫画。第一幅是有一个人在挖水井，但没有挖到水；第二幅是这个人开始放弃这口井，而开始重新挖井，而井里仍然没有水；第三幅同样是他又放弃了第二口井，开始挖第三口井，这口井中仍然没有水。

这则漫画告诉人们，在工作中不能三心二意。选择好了挖井的地点，就要一鼓作气挖下去。漫画中的这个人，他如果将这三口井所费的时间和力气全都用于任何一口井中，都会很容易迅速挖出水来。然而他的这种挖法，在任何一处挖井都中途而退，可以推想他是永远也不会挖出井水来的。

对每一位追求成功的人来说，目标专一的力量都是无穷的。英特尔是一家电脑晶片制造商，他们致力于把全部资源都放在制造更好的晶片上，使自己的晶片在不到 10 年的时间里，就达到比电脑处理机速度快 4 倍以上的能力。他们以一年快过一年的速度设计，不断推出处理速度更快的晶片，保持自己在世界上的领先地位。他们之所以有这样的成就，就是因为英特尔公司专心致力于微处理机的研制工作，而不去关心其他（例如软件或数据机之类）的事情。

目标专一，并非不求上进，而是一种锲而不舍、全神贯注的追求。不但要有魄力，而且要有定力，摆脱其他事物的诱惑。不为一切名利权位等中途易辙。这种定力是决定一个人能否“挖出井水”的最重要的条件。

一个人，能认清自己的才能，找到了自己的方向，已属于不易；更不容易的是能抗拒潮流的冲击。许多人只是为了某件事情时髦或流行，就跟着别人随波逐流。他忘了衡量自己的才干与兴趣，最终找不到自我，所得只是追逐一时的热闹，而失去了真正成功的机会。

梭罗创作《瓦尔登湖》时，为了寻找感觉，跑到森林中度过两年的隐士生活。自己栽种豆和玉米为食，摆脱了一切剥夺他时间的琐事俗务。一心一意地去体验林间湖上的景色和他心灵所产生的共鸣。他从中发现许多道理，从而完成了《瓦尔登湖》这本名著。

古往今来，凡是有成就的人，都很专注于自己的目标，专心致志，集中突破，这是他们成功的根本原因。历史上不少人被埋没，除了社会原因之外，就是没有一个专注的目标，今天种瓜明天种豆，因此就很难获得成功。

世界上无数的失败者之所以没有成功，主要不是因为他们的才干不够，而是因为他们不能专注于一个目标，他们将很多的精力消耗在一些琐事之中。现代社会的竞争日趋激烈，所以，我们必须专心一致，对自己的目标全力以赴，只有这样才能做到得心应手，取得出色的业绩。

把人生的大目标分解为多个易于达到的小目标，一步步脚踏实地，每前进一步，实现一个小目标，就能体验成功和成长，而这种成功将强化你的自信心，使你始终处于愉悦的成就感之中，并激励你发挥潜能，去奔赴下一个目标。

1984 年，在东京国际马拉松邀请赛中，一名叫山田本一的日本选手夺得了世界冠军，爆出了个大冷门。在这之前，他成绩平平。

当记者问他依靠什么取得如此惊人的成绩时，他说："凭智能战胜对手。"

但很多人内心里都认为这个选手取得冠军纯属偶然。

10 年以后，这个选手在他的《自传》中是这么写的："每次比赛之前，我都要乘车把比赛的路线仔细看一遍，并把沿途比较醒目的标志画下来。比如第一个标志是银行，第二个标志是一棵大树，第三个标志是一座红房子……这样一直画到赛程的终点。比赛开始后，我就以跑百米的速度，奋力地向第一个目标冲去，过第一个目标后，我又以同样的速度向第二个目标冲去。起初，我并不懂这样的道理，常常把我的目标定在 40 公里外的终点那面旗帜上，结果我跑到十几公里时就疲惫不堪了。我被前面那段遥远的路程给吓倒了。”

分割抵达目标的距离，将看起来遥不可及的目标拉近。

越是远大的目标，看起来就越是遥不可及。但如果你将目标分解成一个个分目标，你便会觉得它们离你并不遥远。如果你能完成每天、每周、每月、每年的目标，你就会距离原定的远大目标越来越近，直至最后完全实现。

每个人与自己的目标都有一段漫长的距离，这个距离常常会令我们灰心丧气、烦躁不安，甚至跌倒在奔向目标的路上。这时，不妨将这段距离分成几段，以此淡化困难，坚定信心，最终，让自己成功地抵达目标。

大多数人之所以半途而废，其实往往并不是因为目标过高、难度太大，而是觉得成功似乎远在天边，遥不可及。确切地说，他们不是因为失败而放弃，而是因为倦怠而失败。每一个成功的人都是在达成无数的小目标之后，才实现他们伟大的梦想的。

忠告和建议：

请你在工作中学习和尝试运用快速达成任何目标的10大步骤：

步骤一：决定成功。

步骤二：写下已量化的目标，并列出10个以上为何要实现它的理由。

步骤三：用多杈树制订计划，分解目标，倒推至今天，拟定计划，设定时间表。

步骤四：列出所有必要条件及充分条件，注明解决方法。

步骤五：告诉自己：要实现什么样的目标，自己就必须变成什么样的人。

步骤六：运用潜意识的力量，正面自我暗示，永远积极思考。

步骤七：行动第一，立即行动，大量行动，开始忙起来。每一分、每一秒做最具生产力的事情。

步骤八：每天睡觉前，自我检讨，衡量进度，积极修正。

步骤九：每完成一个阶段性目标，就对自己进行一次奖励。

步骤十：坚持到底，永不放弃，直至成功。

细化目标，一次实现一点点

乍一看，珠穆朗玛峰是那样的雄伟高大，他的峰顶总是浮在云端，或者每一个面对它的人首先会感到自己的渺小，感慨大自然的壮丽。接下来，由于这种壮丽和高不可攀，很多人退却了。其实，任何一个大的目标都可以分成许多小的目标来实现，即使你不能一下子达到最高目标，你只要一步一步向前走，最终就能实现。就好比这座世界第一高峰，如果要征服它，只需要把它 8848 米的高度细分下来，每天攀登 500 米，这样就容易得多，只要坚持不懈，再高的山峰也能登临俯瞰。又比如一部小说动则几十万上百万字，阅读尚需要不少时间，而写作，当然是繁重无比的任务，但是如果你拟好的提纲，一千字，一万字的去写，终有杀青那一天。

人生的每一个目标都看来很有难度，但是它们的实现都是为下一个更大的目标做准备的。没有远大目标的人注定不能成功，但是有了远大的目标却不善于将其细分化，这样的人也很难获得成功。如果没有细化人生的目标的思想，凭着一时兴趣，三分钟热度，世间的事，大多都会半途而废。

我们知道，金字塔是一项庞大的工程，它的每块石头都成吨的重，于是我们常常诧异在生产力水平的低下，古人是怎么做到的呢？其实，金字塔如果拆开了，只不过是一堆散乱的石头，我们只要堆好每一块石头，那么高耸云端的世界奇迹就可能完成。我们的人生，如果细化下来，就是一些琐碎的日子，这些日子如果过得没有目标，就只是几段散乱的岁月。但如果把一种努力凝聚到每一日，去实现一个梦想，散乱的日子就集成了生命的永恒。如果将人生目标比作金字塔的话，那么到达终极目标的路程就是一个建造人生金字塔的艰难过程。

一个人如果有非常崇高的目标，一般我们说他志存高远，胸有宏图。但是，光有大的志向是没用的，很多人最后流于志大才疏，就是不知道泰山之高，也是一块一块泥土垒成的。愚公之所以敢于向太行王屋二山宣战，那是因为他知道无论这两座山如何高，面积如何广，始终是一个定数的，而人的力量是无尽的，子子孙孙不断努力，必然能够将它们挑到东海去。然而，许多人却不知道或者不愿意把自己的“宏图大志”细化为一个个具体的目标，并为这些目标迈出坚实的行动，他们不知道“罗马不是一天建成的”，总想着一鸣惊人、一步登天。如果没有细化了的理想和具体化了的目标，理想永远只能是理想，它越“远大”，落空的概率往往就越大。

许多人做事之所以会半途而废，并不是因为困难大，而是成功距离较远，他们缺少的不是力气，而是耐心。当他们抬头向前望的时候，终点仍然在地平线外，任务就显得那么不可能完成。但是，如果把长距离分解成若干个距离段，逐一跨越它，就会轻松许多。目标具体化可以让你清楚当前该做什么，怎样能做得更好。

曾经有这样一个试验，把人分成两组，让他们去跳高。两组人的个子都差不多，先是一起跳了6尺，然后把他们分成两组。对一组说：你们能跳过6尺5寸。而第二组没有具体的目标，所以他们只跳过5尺多一点。

而第一组由于有6尺5寸这样的一个具体要求，他们每位都希望能取得更好的成绩。他们奔着目标奋力一跳，果然都比之前跳得更好。

山田是一位推销员。他一直都希望自己的业绩实现突破。但是一开始这只不过是他的一个愿望，从没真正去争取过。直到 3 年后的一天，他想起了一句话：如果让愿望更加明确，就会有实现的一天。

他设定了自己的目标，然后再逐渐增加，这里提高 5%，那里提高 10%，结果顾客增加了 20%，甚至更高。这激发了山田的热情。从此他不论什么状况，都会设立一个明确的数字作为目标，并在一两个月内完成。

目标越是明确，越感到自己对达成目标有股强烈的自信与决心。山田说。他的计划里包括我想得到的地位、我想得到的收入、我想具有的能力，然后，他把所有的访问都准备得充分完善，相关的业界知识加之多方面的努力积累，终于在第一年的年终，使自己的业绩创造了空前的记录，以后的年头效果更佳。

日常的生活、工作中，我们都会有自己的目标，要想达到目标成就大事，关键在于把目标细化。只有细化了目标，一切雄伟的，漫长的，繁重的任务都会被简化成一块块小小的人生之砖。我们要做的不过是坚持下去。

第三章

没有不可能的明天，只有不敢想的未来

当我们面对困难时，常常轻易地否定自己，“不可能”已成为放弃思考和努力的理由。现实告诉我们，世上没有“不可能”的事，只有不敢想的创新思维，缺少努力克服困难、冲破枷锁的勇气，才导致生活中有太多的“不可能”。

拥有创新思维，突破重重枷锁

思维枷锁其实就是一种思维模式，它的最大特点是形式化结构和强大的惯性。当我们面临新情况新问题而需要开拓创新的时候，它就是一只“拦路虎”。正如法国生物学家贝尔纳所说：“妨碍人们学习的最大障碍，不是未知的东西，而是已知的东西。”

大多数人总是不自觉地沿着以往熟悉的方向和路径进行思考，而不会另辟新路。其实，一个人只要勇于打破他的思维枷锁，就很容易获得成功。

在不久前的《打工》杂志上，有一篇名为《聪明打工妹，我办“秧歌培训”年赚50万》的文章。文章讲述的是一个名叫王淑梅的在京打工妹，下班后的看见社区门口有一群扭秧歌中老年人——这事在城市里太司空见惯啦，她发现扭秧歌的人们有点像“乌合之众”——这事在城市里也司空见惯。但生于农村、对扭秧歌有点认识的王淑梅觉察到了里面的“商机”。她辞掉了餐馆的工作，回乡下系统地学习了秧歌之后，于2005年回到京城当起了秧歌教练，把原汁原味的秧歌带到京城。现在的王淑梅，不单自己教秧歌，还聘请几个在扭秧歌方面很专业的老乡来京，把自己的秧歌培训做得红红火火，学员中甚至还有不少外国人。据作者介绍，目前，王淑梅已经拿出自己这两年办秧歌培训的钱在东城买了一处废弃的大厂房，经过装修后准备开一家“秧歌培训学校”。打工妹的一只脚已经踏进了致富之门了。

打工妹的故事平易近人。她发现创业项目也无非是发现京城的中老年人的秧歌跳得太没有水准了。一般人看到这些没水准的秧歌爱好者，不过是无动于衷或笑笑而已，但这个打工妹看到的却是一个金矿。

可见，创新和突破对一个人的成功来说是多么的重要。要想有创新思维，就要打破思维枷锁。既然要打破，就要知道它们的样子。头脑中的思维枷锁有许多种，其中与创新思维有关且影响普遍的主要有下面几种：

（1）从众枷锁

例如，当你把一个经过深思熟虑的想法告诉一个朋友时，他说："你错了！"再告诉第二个朋友，还是说："你错了！"于是，你就会对自己产生怀疑："看来我确实是错了！"

（2）权威枷锁

专家说："吃鱼有助于长寿。"我们就多吃鱼。专家说："人是由猿进化而来的。"我们相信了。我们对权威的话全盘接受，并不去考虑得出结论的理由。久而久之，权威枷锁形成了。

（3）经验型枷锁

一位心理学家同时问了100名高中生和100名幼儿园小朋友同一道题：某位举重运动员有个弟弟，但是这位弟弟却没有哥哥，这是怎么回事？测试结果令人吃惊，高中学生考虑时间和错误率都高于幼儿园小朋友。"经验"让高中生认为举重运动员是男性，而小朋友们没有这种"经验"，因此不受它的束缚。

（4）自我中心枷锁

人们总是习惯自觉或不自觉地按照自己的观点、立场和眼光去思考别人乃至整个世界，从而为自己套上了自我中心的枷锁。

（5）求稳枷锁

人们在内心深处不敢冒险，希望一切都按部就班，井然有序。于是“创新”之类的事就被抛诸九霄云外。

（6）唯一答案枷锁

生活中的许多事情不止有一个答案，但我们很多人找到一个时，就终止寻找，创新自然无从说起。

特立独行，不做随波逐流的人

平凡、平庸永远是一种大多数人的状态，成功只属于少数人。想要成功，就要锻炼自己独立的思考能力，在不平常中实现不平常的成就。

想要引导一群羊，只要牵着头羊走，后面的羊就都会跟着走。如果前面是沙漠，后面的羊都会跟着去沙漠。如果头羊发现了一片肥沃的绿草地，并在那里吃到了新鲜的青草，后来的羊群就会一哄而上，争抢那里的青草，全然不顾旁边虎视眈眈的狼，也看不到远处还有更好的青草。羊的这种随大流的行为叫羊群效应。潘石屹认为：成功本来就是一种与众不同，因此想要成功的人必须做一头特立独行的狮子，而不是一头顺应大流的绵羊。

潘石屹就是一头特立独行的狮子，他从不随大流，总是喜欢玩些新花样，将所谓规矩与规则的藩篱踏碎。“永远不做大多数。如果是大多数，那我应该还在甘肃天水的土地上种地呢，哪来今天的潘石屹?!”这是潘石屹在一次座谈会上说的话。是啊，大多数甘肃天水的农民子弟，不是仍在甘肃天水的土地上种地吗?

1963 年，潘石屹出生于甘肃天水，小时候由于母亲常年卧病在床，家庭成分地主。初中毕业后考取了中专，中专念了两年，考取河北石油职业技术学院（大专），毕业后到分配到了廊坊石油部管道局经济改革研究室。1987 年，他辞去公职，先到深圳，后到海南。

在海南房地产市场中成功掘到第一桶金后，于泡沫破裂前北上发展。在北京，他创造了很多地产神话。在CCTV“2001年中国经济年度人物”候选人介绍里，对他有如下描述：“潘石屹，北京红石实业有限公司董事长。在中国房地产，他不是最有钱的，他的红石公司也不是规模最大的，但他无疑是最会吸引人眼球的……”潘石屹目前是SOHO中国有限公司董事长兼联席总裁。在2007年胡润百富榜上，他和妻子张欣以270亿的身家排在第16位。

1987年，潘石屹在大多数人抱着铁饭碗舍不得放下时，他主动放弃了石油部的工作，来到深圳。两年后，潘石屹来到刚被划为特区的海南，当时，海南房地产正处在畸形扩张时期，“炒房炒地”占据主导地位。潘石屹在1991与人合伙注册成立万通公司，在不到一年的时间里，通过买卖倒手就赚了上千万元。

当大多数炒房者还陶醉在发财的美梦中时，潘石屹与朋友于1992清空手里的房产，转战北京。在潘石屹在北京房地产界搞得风生水起时，海南的房地产在1993年却是一落千丈，很多别墅现在成了农民的猪圈。潘石屹成了极少数在海南房地产起伏中的受益者。他的警醒，仅仅是因为他比大多数人多做了一件事情：到海口市规划局查看了一下报建的建筑面积，再除以海南岛常住人口数和暂住人口数，发现每个人竟有55平方米的商品房。很显然，海南岛的消费力已经完全透支了，巨大的危险随时来临。

1992年8月，潘石屹与人合伙共同创建了北京万通实业股份有限公司，在北京开发出一系列房地产项目。公司在短时间里就挖到数亿元的利润，潘石屹开始在北京房产界崭露头角。1994年4月，潘石屹认识了在华尔街高盛银行工作的张欣，同年10月两人结婚。1995年9月，潘石屹离开万通与妻子创办红石实业，随后依靠SOHO

中国的大手笔，迅速成为房产大亨。

当福利房尚在盛行，毛坯房是绝对主角的时候，潘石屹的 SOHO 现代城就推出了精装修房。

当所有的住宅都按照建设部规定，把阳台上的窗户安在离地面为 90 厘米的地方时，现代城的落地窗横空出世。有人提醒潘石屹：你违规了。结果没出三年，满北京城就到处看得见落地窗了。

当所有的房产商都在依靠传统模式自产自销房子时，1993 年潘石屹就启用房地产代理公司来代理销售，并在《人民日报》海外版、《文汇报》和《大公报》上打出整版广告。这些在当时都是破天荒的。他光支付代理佣金就有 1 亿港元。结果，他开发的万通新世纪写字楼卖到当时市价的三倍，更不可思议的是，项目 12 月 24 日才动工，销售在 11 月初已经完成百分之七八十，正式销售 5 天内就已经收回 5 亿港元的资金。

当大多数房产商与业主因为各种摩擦而打得不可开交的时候，潘石屹第一个提出了无理由退房。第一次提出无理由退房，潘石屹许诺按银行标准支付买退期间产生的利息。第二次提出无理由退房，他许诺奉上 10%的年息回报。就在同行纷纷讨伐他的恶行，给他扣上“破坏行业秩序”的大帽子时，他笑呵呵地把退的房拿出来零起价拍卖，拍卖后两套房他居然赚了 80 多万元。这招玩得真有水平！不仅搞得各个媒体广为传诵，为他做了不要钱的广告，让他赚了美名，得了实惠！

当大多数房产商刚意识到住宅要讲究环境的时候，潘石屹已经在现代城公寓庭院和 SOHO 现代城空中庭院中摆上了相当前卫的艺术作品。

在 2008 年楼市低迷，大多数房产商在或明或暗、羞羞答答地打降价牌时，潘石屹旗下的三里屯 SOHO 却悍然宣布 9 月 1 日起涨价。

即使是对于自己，潘石屹也绝不跟随，从万通新世界广场、现代城，到一系列的 SOHO，再到长城脚下的公社（亚洲建筑师走廊)，都是开发风格迥异。他就是一个这样将特立独行玩到极致，玩出了名声和滚滚财源的人。

不做大多数，不是要你凡事刻意与众不同。这种为与众不同而与众不同的行为，是肤浅而危险的。潘石屹的与众不同，建立在超强的洞察力与独立思考能力之上。别人没有看到的，他看到了；别人没有想到的，他想到了。因此，别人没有去做的，他去做了。

世界著名的成功学大师拿破仑·希尔在《思考致富》一书强调，仅仅只是最努力工作的人最终绝不会富有，如果你想变富，你需要“思考”，冷静独立的思考而不是盲从他人。然而，大多数人让报纸和邻居们的闲话来代替了自己思考。意见是世上最廉价的商品，每个人总有一箩筐的意见可以提供给任何愿意接受它的人。假如你在下决心时，会轻易受到他人左右，那么，你在任何事业上都难以成功。

当然，不做大多数、不随大流也是有风险的。枪打出头鸟，你在出头之前，一定要尽量让自己出头的计划周全些。如果风险大过自己的承受能力，不妨缓行，或先采取小规模的实验再做定夺。

创意再好，也要在行动中实现

人的创意也像一颗种子，在酝酿阶段是那么不起眼。但只要将它放在合适的“泥土”里，提供它所需要的“养分”，那么它同样能像种子那样破土发芽、开花结果，拥有动摇世界、影响众生、造福万物的神奇力量！

何永智从小有一个很好听的小名，叫“七妹”。七妹家里一共有七姐妹，她属于最小的小妹，有着《天仙配》中七仙女那么的水灵与机灵。七妹只读了一个初中，在20世纪70年代中期就进了重庆六一儿童鞋厂当临时工。很快，心灵手巧的何永智就凭借自己的心灵手巧，“转正”成了鞋厂的一名童鞋设计师。在计划经济时期，“临时工”与“正式工”之间的鸿沟、“体力劳动”与“脑力劳动”的壁垒，就这么让七妹轻而易举地跨越。

七妹的父母只是普通工人，相继养育了七个女儿长大成人，而相继出嫁的女儿也只能勉强维持各自生计——这在1970年代是可以理解的。因此，七妹出嫁前家境一直处于赤贫状态。1977年，七妹恋爱了。她的男友廖长光也只是一名普通的电工，家境可以类比《天仙配》中的董永。他们没有房子结婚，想买房子又不够钱，七妹就利用闲时打毛衣，由廖长光拿到集市上去卖。后来，两人又向各自的父母借了些钱，好容易凑齐了600元钱，买来了一处简陋的私房才把婚给结了。那一年是1979年，七妹已经26岁，在那个时代属于典型的晚婚了。

3年后的1982年，改革开放的春风吹绿了大江南北。各地的“万元户”正作为典型，在媒体上喜笑颜开的露脸宣传。七妹的心被撩拨得痒痒的，如春天里吃饱了水的种子。她听说自己3年前买的房子升值了，可以卖3000元，终于按捺不住自己的冲动，把自己的房子换成了三叠十元的钞票。

3000元在当时也算一笔不大不小的财富了。七妹决定用这笔钱做点生意，盘活这笔钱，用钱来生钱。经过一番打听与考虑，她在重庆八一路购买了一间16平方米的临街门面。她最初选择的是做小百货，但店子开了没两个月，百货店就因为政府将八一路统一规划成小吃街而不得不歇业。

怎么办？那就做小吃吧，何永智想到了火锅。于是，那间16平方米的门面就勉强放下了三张桌子、三口锅。“小天鹅”火锅店就这样寒碜地起步了。到2007年，她与丈夫以10亿身家名列胡润餐饮富豪榜第十。

七妹卖房作为本钱，在狭窄店铺里的艰难起步，直至最后成为著名企业家，一切都来之不易。创业是一个钱赚钱的事情，要投入才有产出。本钱小，相对来说事业做长久、做大的困难会大一些。因此，我们经常会听到一些创业者对于“本小”的无奈叹息。七妹在一场有关创业的演讲与报告中，对于创业的本钱多寡问题，是这样看的：“其实创业的钱多钱少不重要。重要的是什么？是诚信与创新！”

七妹所说的诚信与创新，都是一些老话，但也是实话。她这样说，也是这样做的，并且她的成功也是这样来的。对于诚信，一般来说很多人都比较注重并且做得不错。但对于创新，不少人做得就差强人意了。他们之所以做得不到位，倒不一定是不想创新，而是觉得创新太难。

创新当然不会那么容易，容易的话就不用等你来创新，别人早就捷足先登了。但生意场上的创新也绝不是像什么搞高科技发明那么难。我们先来看七妹和她丈夫在火锅上做了哪些创新。

1983 年，在火锅店里开展除烟行动。火锅在 20 世纪 80 年代初都是用木炭作燃料，客人经常会被木炭燃烧的烟雾熏得泪眼婆娑，睁不开眼。“小天鹅”火锅店开业后，七妹就一直在想解决之道，最后她决定将抽油烟机安放在火锅桌的上方，并将传统的木炭灶改为液化气灶，使火锅真正告别了“烟熏火燎”的历史，受到了顾客的一致好评。

1984 年，七妹和丈夫发明鸳鸯火锅。鸳鸯火锅用一个“S”形的隔断，把圆形的火锅分割成两半。一半放麻辣味厚、油重香浓的红汤；另一半放柔和清爽、鲜香可人的清汤。数人围坐火锅，可以各取所好，也可兼顾品尝。总之，就是“一锅两吃”。

1985 年，七妹发明了子母锅。她在大锅里套小锅，小锅里面盛清汤，大锅里面盛红汤，想吃什么都可以。从清汤里面夹菜滴到红汤的味道，而红汤却不易混进清汤。

1986 年，七妹开发出风味独特的荔枝味火锅。

1987 年，七妹首创火锅自助餐。

1994 年，“小天鹅”天津加盟店正式开业，七妹因此成为中国内地最早应用特许经营模式进行品牌扩张经营的人。

……

类似的发明与首创很多很多，伴随着“小天鹅”从蹒跚起步到展翅高飞。七妹坦言她的每一次发明创造都给自己带来了丰厚的利润。她这样说："我觉得，这'3000元加创新加诚信'，正是我们成功的法宝！"

看了上面所提及的创新，我们会发现。商场上的创新，难在思维桎梏的突破，而不是技术上的瓶颈。把火锅隔断，大锅中套小锅，这些发明一说就懂，也没有多少纯技术上的难关，完全只是一种新的思维。当然，这种新不是为新而新，无一不体现着对于顾客的人性化考虑。也正因为这样，创新才会受到顾客的青睐。

七妹认为：在创意面前，生意是不平等的。这句话应该是商界青年才俊江南春总结出来，但我们经常从七妹的嘴中听到，从七妹的出招中得到体现。创业越有创意，就越能获得机会，越能走到财富的前沿。对此，世界首富比尔·盖茨曾经这样说过这样一句话："创意具有裂变效应，一盎司创意能够带来难以计数的商业利益和商业奇迹。"

如果我们把一颗种子进行成分分析，会发现它只是由纤维、碳水化合物以及一些常见的化学物质组成的，没有什么特别的地方。但只要把它放进肥沃的泥土里，给予阳光和水分，神奇的事情就会出现。种子会破土发芽、开花结果，它可能是养活众生的稻米谷物，可能是为世界添加色彩的美丽花卉，也可能是为生命提供氧气的参天巨木。

不少人把创意归结于偶然。其实创意的由来并非是大家所以为的"灵光一现"，积累是非常重要的过程。创意的英语是 Greativity，源自于拉丁文 Greatus，后者的意思是生长，也是古罗马五谷女神 Gereris 的名字。通过梳理这个词汇的变迁脉络，我们发现：创意并不是天上掉下来的恩宠，而是发源于地上、植根于泥土、发扬于生活的人为创造。七妹扎根于火锅事业，积累了丰富的经验和知识——可谓“发源于地上”。他深知整个产业的运作过程，知道市场最需要什么，顾客最喜欢什么、最在意什么——可谓“植根于泥土”。然后，他用巧妙的方法来满足顾客或客户——可谓“发扬于生活”。

值得指出的是：创意只是一个看不见摸不着的东西，要想变成看得见摸得着的财富，还有很长的一段路程必须走。否则，永远停留在想象阶段的创意，是一文不值的。美国第三任总统托马斯·杰弗逊有一句名言：“当你有一个伟大的创意时，就放手去做吧！”我们这个世界缺少的是实干家，却从来不缺少空想家。创意再好，也需要在行动中实现。

在别人说“不”的时候说“是”

我们中的许多人太习惯于向外界妥协。当他们自信地说出自己的观念，而周围的人，特别是重量级人物，诸如权威呀、上司呀、老师呀等等，持反对意见时，他们就会退缩，缄口不敢再言。于是勇气一点点消失殆尽，机会也因此一次次擦肩而过。

亨利·比奇讲了一个他小时候的故事：

一天，他的老师让他站起来背诵一篇课文。当他背至某处时，响起了老师冷漠平静的声音：“不对！”

他犹豫了一下，又从头开始背起，当背到相同的地方时，又是一声斩钉截铁地“不对”阻断了他的背书进程。

“下一个！”老师叫道。

亨利·比奇坐了下来，觉得莫名其妙。

第二个同学也被“不对”声打断了，但他继续往下背，直到背完为止。当他坐下时，得到的评语是“非常好”。

“为什么？”我埋怨道，“我背得和他一样，你却说‘不对’！”

“你为什么不说‘对’，并且坚持往下背呢？仅仅了解课文还不够，你必须深信你了解它。除非你胸有成竹，否则你什么都没学到。如果全世界都说‘不’，你要做的就是说‘是’，并证明给人看。”

在别人都说“不”的时候说“是”，说起来容易，做起来却需要超常的胆略，而大多数人都几乎依赖于某些东西或某些人的意志改变自己的意志，敢于特立独行的人少之又少。于是大多数人都成了组成芸芸众生的普通人，而那些卓尔不群，不为大多数人意见所左右的人则成了少数的成功者和明星。

胆小的人常常总是向权威求教，像是参考书啦，上司啦，顾问啦，专家啦，等等，就是不敢相信自己，有独立意志的人则会利用人人具备的常识和事实进行探究，做出合理的假设，然后得出自己的答案并且敢于坚持，他们自己进行思考和创造，常常自己制定计划并付诸实施。

日本交响乐指挥家小泽征尔早年参加了一次欧洲指挥大赛，在决赛中，按照评委给他的乐谱指挥演奏时，发现有不和谐的地方，他认为是乐队演奏错了，就停下来重新演奏，但仍不如意。这时，在场的作曲家和评委会的权威人士都郑重地说明乐谱没有问题，而是小泽征尔的错觉。面对着一批音乐大师和权威人士，他思考再三，然后坚定地说："我没错，是乐谱错了！"话音刚落，评判台上立刻报以热烈的掌声。

原来，这是评委们精心设计的圈套，以此来检验指挥家们在发现乐谱错误并遭到权威人士"否定"的情况下，能否坚持自己的正确判断，前两位参赛者虽然也发现了问题，但终因屈服于权威而遭淘汰，小泽征尔则不然，因此，他在这次指挥大赛中摘取了桂冠。

小泽征尔之所以能够取得冠军，归功于他不妄从权威，敢于在别人说"不"的时候说"是"。当然，这离不开坚实、过人的业务功底。

在社会中，由于分工和能力的不同，既要有人运筹帷幄，掌管大局，又要有人身体力行，动手去干。但是不管干什么，都要有自己的原则、自己的立场，不能够一点主见没有，没有自己一定的原则。这里的原则既包括思考的方法，也包括日常生活中为人处事的立场、原则。不论是谁都会给你带来困难，并将影响你的生活。

工作中没有自己的想法，只听命于他人，别人怎么说自己就怎么做，如果别人说得对还好，假若别人说得不对，而自己又不动脑筋，走弯路、浪费时间不说，有时难免要犯错误。

举个简单的例子：某个人想挖鱼池养鱼，有人建议坑底要铺上一层砖，这样既干净又会节省水；又有人建议说，不能铺砖，铺了砖鱼就接触不到泥土，对鱼的生长不利；还有人说……于是，这位养鱼者开始犯难了，左也不是右也不是，不知该听谁的好。其结果是，事情就此搁了下来，最终放弃了计划。

当然，上面只是个简单的例子，生活中有许多事情要复杂得多，而且有些事情没有犹豫的时间，这就更需要我们要有自己的思考方法。既然别人的意见也不一定正确，为什么不试试用自己的头脑思考呢？

古希腊有一个“戈迪阿斯之结”的故事：

凡是来到弗里古亚城的朱庇特神庙的外地人，都会被引导去看戈迪阿斯王的牛车。人们都交口称赞戈迪阿斯王把牛轭系在车辕上的技巧。

“只有很了不起的人才能打出这样的结。”其中有人这样说。

“你说得很对，但是能解开这结的人更了不起。”庙里的神使说。

“为什么呢？”

“因为戈迪阿斯不过是弗里吉亚这样一个小国的国王，但是能解开这个结的人，将把全世界变成自己的国家。”神使回答。

此后，每年都有很多人来看戈迪阿斯打的结子。各个国家的王子和政客都想打开这个结，可总是连绳头都找不到，他们根本就不知从何着手。

戈迪阿斯王已经死去几百年之久，人们只记得他是打那个奇妙结子的人，只记得他的车还停在朱庇特的神庙里，牛轭还是系在车辕的一头。

有一位年轻国王亚历山大，从遥远的马其顿来到弗里吉亚。他征服了整个希腊，他曾率领不多的精兵渡海到过亚洲，并且打败了波斯国王。

“那个奇妙的戈迪阿斯结在什么地方？”他问。

于是有人领他到朱庇特神庙，那牛车、牛轭和车辕都还原封不动地保留着原样。

亚历山大仔细察看这个结。他对身边的人说：“过去许多人打不开这个结，都是陷入了一个窠臼，都认为只有找到绳头才能将结打开，我不相信我不能打开这个结。我也找不到绳头，可是那有什么关系？”说着，他举起剑来砍，把绳子砍成了许多节，牛轭就落到地上了。

亚历山大说：“这样砍断戈迪阿斯打的所有结子，有什么不对。”

接着，他率领他那人马不多的军队踏上了征战亚洲之路。

没有人能够因跟随他人而获得成功。哪怕他是跟随一个伟大的成功者。做事的资本不能从抄袭、模仿中得来。亚历山大之所以成功地做了亚洲王，就是因为他坚持自己的主见。

决定你是否能克服危机的不是你尺寸的大小——而在于做一个最好的你！你不应当丢掉自己身上最好的东西，去盲目跟随别人，把自己变成别人的影子。

“要想成为真正的‘人’必须先是个不盲从因袭的人。你心灵的完整性是不可侵犯的……当我放弃自己的立场，而想用别人的观点去思考的时候，错误便造成了……”这是爱默生所讲的名言。这对强调由别人的观点来思考的人来说，无疑是一大震撼。

也许，我们可以把爱默生的话做如下解释：“要尽可能由他人的观点来看事情——但不可因此而失去自己的观点。”假如成熟能带给你什么好处的话，那便是发现自己的信念及实现这些信念的勇气——无论遇到什么样的因素。

躲在人后的大都是平庸之辈

一个人如果总感觉自己不如别人，尽管他实际上可能是有能力的，但他的表现也确实不如别人，因为思想主宰行动。一个人心里是怎么想的，他的行为就会反映出来，没有任何伪装能够把这种感觉长期遮盖起来。

也就是说，一个人如果觉得自己没有独立做事的能力，不可能超越其他的人，那么他就真的不会独立，只能跟在别人的身后。

有位才女不但琴棋书画无所不通，口才与文采也是无人可比。大学毕业后，在学校的极力推荐下，才女去了一家小有名气的杂志社工作。谁知就是这样的一个让学校都引以为自豪的人物，在杂志社工作不到半年就被炒了鱿鱼。

原来，在这个人才济济的杂志社内，每周都要召开一次例会，讨论下一期杂志的选题与内容。每次开会很多人都争先恐后地表达自己的观点和想法，只有才女总是悄无声息地坐在那里一言不发。她原本有很多好的想法和创意，但是她有些顾虑，一是怕自己刚刚到这里便“妄加评论”，被人认为是张扬，是锋芒毕露；二是怕自己的思路不合主编的口味，被人看作为幼稚。就这样，在沉默中她度过了一次又一次激烈的论会。有一天，她突然发现，这里人们都在力陈自己的观点，似乎已经把她遗忘在那里了。于是她开始考虑要扭转这种局面。但这一切为时已晚，没有人再愿意听她的声音了，在所有人的心中，她已经根深蒂固地成了一个没有实力的花瓶人物。最后，她终于因自己的过分沉默而失去了这份工作。你如何思维决定你如何行动；你如何行动将决定你取得什么样的成就。

这个逻辑正是我们不厌其烦地强调思维与勇气的重要性的原因，“没有做不到的，只有想不到的”，敢想、会想，你才有可能成功。

如果在此之前胆怯心理阻碍了你超越他人，那么现在只需改变一下自身的思考方法，大胆放飞自己的思想，做你想做的事。

我们每个人都有愿望，我们都想有朝一日成为什么样的人物，但事实上，大多数人都因为没有勇气而违背了它，他们常用下面的理由扼杀自己的愿望：

——“我做不到”“我缺乏头脑”“我肯定会失败”，这种消极的自我降低是导致他们永远站在别人身后的罪魁祸首；

——“我现在的状况很有保障”，这种安于现状的想法扼杀了他们真正的愿望；

——“能干的人太多，根本不会有我的份”，害怕竞争令他们不敢多想；

——“这不是我真正想要的，而是父母让我做这个，我不得不做”；“有了家，没法再变动了”。这一类的托词让他们相信自己不该再有梦想。

让自己仅仅是跟在别人身后的理由真是太多了，但是如果没有敢于创造的勇气，不做自己想做的事，只会成为平庸者。而敢想就会有欲望，欲望一旦利用就是力量。

当讥讽扑面而来，你还能否站得稳？

和周星驰同学一样，当年寂寂无闻的成龙，不得不低声下气地去为自己争取更好的机会。在谦卑做人与勤恳做事时，还是难免收到讥讽与嘲弄。

一粒种子是没那么容易长大成材的。在你还孱弱时，无数大脚会有意无意将你践踏。就像俞敏洪所说的："人们可以踩过你，但是人们不会因为你的痛苦，而产生痛苦；人们不会因为你被踩了，而来怜悯你。因为人们本身就没有看到你。"也许你会很不服气：为什么要践踏我啊，我是树啊，我是明天的栋梁之材啊。对不起，在你没有长大时，没有人来倾听你、相信你。

成龙在龙套中一跑就是很多年，他没有任何说话的权利，总之就是导演叫你做什么，你一定要做什么。有一次，在他拍摄一部古装武侠戏的时候，戏里边剧情要求有三个女人都喜欢他。但是当时担任主角的一位著名女演员，坐在一边跟导演讲风凉话，说："我怎么会喜欢他？大鼻子、小眼睛，多让人讨厌啊……"一听到这话，成龙的心很受伤，但外表还要装作若无其事地讨好模样，不停地鞠躬。一定等着她站起来先走，自己退后让路后走，一副谦恭的样子。要哭，只有在一个人的时候才能哭。

后来，成龙混出了一点小名气。那时，他开始又动起了心机：他想要著名的武侠作家古龙给自己量身定做一个剧本。当时，古龙的武侠小说非常受大家欢迎，有了他的剧本基本就是票房保证。古龙是邵氏片场里的常客，成龙为了“讨好”古龙，每天都要陪古龙喝酒。成龙坐在古龙身边，左一句“古大侠”右一句“古大侠”，酒倒是喝得皆大欢喜。等一场又一场的酒喝过后，成龙从别人口里得知古龙说：“我怎么会给他写这个剧本，我要写，也得找个好看点的啊！”成龙听了，当即躲进了洗手间，七尺男儿终于再也无法控制住自己的感情，一把抱住姜大卫哭成了泪人。

小人物从来都是不起眼的，就算你有经世之才——但又有几个伯乐呢？所以，你的梦想与追求，在有些人眼里与“癞蛤蟆想吃天鹅肉”差不多，都是不自量力，痴人说梦。总是会有人来打击你。一个打击你，或许没有什么；十个人打击你，有点动摇了吧；百个人打击你呢？

别人劝阻或讥笑你的寻梦，也并非想害你，他们有时是无意甚至是善意。“相信我，你走的那条路行不通，别浪费自己的精力了。”他们会这么说。

谁更能够经得住一打信贷官员的负面评价，并且厚着脸皮不断请求直到贷款被批准呢？这些成功的百万富翁就能做到，他们总是抵制那些说他们的未来计划不会有成效的批评者。对他们来说，找到一个明智而开通的信贷者只是时间和努力的问题。

还记得身残志坚的歌手郑智化在《水手》中所唱的吗——“在受人欺负的时候，总是听到水手说，他说风雨中，这点痛，算什么！擦干泪，不要怕，至少我们还有梦！”

第四章

把梦想付诸行动，一次行动胜过一筐空想

一个人要实现自己的梦想，最重要的是要具备以下两个条件：勇气和行动。梦想一旦付诸行动，就会变得神圣。有了梦想，就应该迅速有力地实施，坐在原地等待机遇，无异于异想天开。毫不犹豫尽快拿出行动，为梦想的实现创造条件，才是梦想成真的必经之路。

付诸行动，梦想才有可能成为现实

在四川的偏远地区有两个和尚，其中一个贫穷，一个富裕。有一天，穷和尚对富和尚说："我想到南海去，您看怎么样？"

富和尚说："你凭借什么去呢？"

穷和尚说："我一个水瓶、一个饭钵就足够了。"

富和尚说："我多年来就想租条船沿着长江而下，现在还没有做到呢，你凭什么去啊。"

第二年，穷和尚从南海归来，把到南海的事告诉富和尚，富和尚深感惭愧。

穷和尚与富和尚的故事说明一个简单的道理：说一尺不如行一寸。

现实是此岸，理想是彼岸，中间隔着湍急的河流，行动则是架在河上的桥梁。只有行动才会出现结果，行动创造了成功。任何一个伟大的计划和目标，都要靠行动来实现。

拿破仑说："想得好是聪明，计划得好更聪明，做得好是最聪明又最好。"成功开始于思考，成功要有明确的目标，这都没有错，但这只相当于给你的赛车加满了油，弄清了前进的方向和线路，要抵达目的地，还得把车开动起来，并保持足够的动力。

有一个雅典人没有口才，可是非常勇敢。有一天开大会，许多人做了精彩的长篇演说，许诺说要办许多大事。轮到这个人发言，他站起来，憋了半天只说出一句话：“大家说的事情，我都要做。”

成功并不需要你知道多少，而是依靠你做了多少，所有的知识、计划、心态都要付诸行动。不管你现在决定做什么事情，设定了多少目标，你一定要马上行动。

有很多看起来不能克服的困难阻碍了我们迈向成功的脚步。其实，当我们勇敢行动，会发现事情并不像它看上去那样。

一名记者忽然心脏病发作，导致四肢瘫痪，而且连说话的能力都丧失了。他虽然头脑清醒，但是全身的器官中只有左眼还可以活动。口不能说，手不能写，他几乎就成为废物。所有的人经受如此大的打击都很难接受，甚至完全丧失了生存下去的勇气，可是他没有放弃努力，决心要把自己在病倒前就开始构思的作品完成并出版。

可是怎么才能写出自己的作品呢？他连说话的能力也没有，只会眨左眼，别人又怎么能记录他的作品？对，就是眨眼。他找来了一个笔录员做他的助手，记者只会眨眼睛，他和助手就用眨眼睛来交流。笔录员把 26 个英文字母和一些常用的单词按顺序排列，让记者用眨眼来选择，如果记者眨一次眼说明字母是正确的，如果眨两次就表示不正确。

开始他们很不习惯这样的沟通方式，而且很容易出错。他们每天工作六个小时，但是一天只能打几百个字。后来他们有了默契，一天能打出一页的字来。

经过他们艰辛的工作，一年以后小说总算完稿。记者不知道为这部小说眨了多少次眼睛，虽然这本书只有 150 页，但是却很不平凡。这名记者用他自己的方式创造了奇迹，完成了心愿。

成功并非易事，它需要各种条件，比如健康的身体、聪明的头脑、坚韧不拔的精神。古代的战事特别讲究天时、地利、人和，如果缺少一样就很难取得成功。可是我们不能苛求条件，而应该尽力去创造条件。多事情不像它看上去那样，只有行动才能让我们更接近成功。

事在人为的道理很多，但真的一旦要付诸行动，人们仍然不免犹豫不决，瞻前顾后。

人们之所以害怕付诸行动，其中的原因可能有三个：

（1）由于心态的原因，一行动就想到消极的一面，想到失败。这种畏惧心理摧毁我们的自信，关闭我们的潜能，束缚我们的手脚，使我们遇事不敢轻举妄动。

（2）人对发生改变，多多少少会有一种莫名的紧张和不安，即使是代表进步的改变亦然。这就是害怕冒风险。行动就意味着风险，因而就出现了左顾右盼，犹豫不决，拖延观望等。特别是一当形势严峻时，人们习惯的做法就是保全自己，不是考虑怎样发挥自己的潜力，而是把注意力集中在怎样才能减少自己的损失上。

（3）怕行动，是不愿付出。有一种理论说，人有自私的天性，原因是出于自我保护的本能，付出就意味着“失去”，而行动就意味着要付出。行动与其说是能力，还不如说是一种勇气。行动的障碍只有毅力和勇气才能解决。

有梦想，更要善于经营梦想

理想是用来实现的，而不是用来放弃的。曾经在一本杂志上看到一个这样的故事：

在美国乡村的某个小学的作文课上，年轻的老师给小朋友们布置了一篇作文，题目叫《我的理想》。一位小朋友是这样描绘他的理想：将来自己能拥有一座占地十余顷的庄园，在辽阔的土地上铺满绿植；庄园中有无数的小木屋，烤肉区，及一座休闲旅馆；除自己住在那儿外，还可以和前来参观的旅客分享自己的庄园，有住处供他们休息。

老师检查作文后，在这个小朋友的簿子上被划了一个大大的红“×”，老师要求他重写。小朋友仔细看了看自己所写的内容，并无错误，便拿着作文去请教老师。老师告诉他：“我要你们写下的是自己的理想，而不是这些梦呓般的空想，理想要实际，而不是虚无幻想，你知道吗？”

小朋友据理力争：“可是，老师，这真是我的理想呀！”老师也坚持观点：“不，那不可能实现，那只是一堆空想，我要你重写。”

小朋友不肯妥协：“我很清楚要实现我的理想很难，但这的确是我真正想要的，我不愿意改掉我的理想。”老师坚决地摇头：“如果你不重写，我就让你不及格，你要想清楚。”小朋友没有妥协，结果他的作文真的没有及格。

30 年后，这位老师带着一群小学生到一处风景优美的度假胜地旅行，在尽情享受无边的绿草，舒适的住处及香味四溢的烤肉之余，他望见一名中年人向他走来，并自称曾是他的学生。

这位中年人告诉他的老师，他正是当年那个作文不及格的小学生，如今，他拥有这片广阔的度假庄园，真的实现了儿童时的理想。老师望着这位庄主，不禁感叹："三十年来为了我不知道用'实际'，改掉了多少学生的梦想；而你，是唯一保留自己的梦想，没有被我改掉的。"

谁没有过理想呢？有多少人实现了自己的理想？

没有实现理想不要紧，只要我们还行走在前进的路上，就一切皆有可能。而遗憾的是很多时候，我们没有实现理想是缘于放弃。放弃理想大致有两种原因：一种是随着岁月的增长，发现原来的理想并非自己真正想要的；一种是因为困难太大，自己主动放弃了理想。前者是主动放弃，后者是被动放弃。理性地说，适当的放弃是人生路上无奈却必需的妥协。但你一定要谨慎判断"适当"——你的理想是你内心所深切的渴望吗？如果是的，那么你就不应该轻易放弃。

理想之所以称为理想，本身就蕴涵了来之不易的意思。很容易就能达成的目标，不能叫理想。轻易放弃自己的理想，等于抛弃了自己。

台湾散文家林清玄生长在一个普通的农民家庭，小时候家里很穷，很小就跟着父亲下地干活儿。有一次，干活累了，他跟父亲坐在田埂上休息。他一言不发，呆呆地望着远处出神。父亲看见他这个样子，问他想什么。他说："等我长大了，不种地，也不上班。""那你干什么？"父亲问。他充满向往地说："我想每天坐在家里，等着人给我邮钱。”一听他这话，父亲笑起来，说：“荒唐，你别做梦了！我敢保证，不会有人给你邮钱。”

后来，林清玄上学了。他从课本上知道了埃及的金字塔，对父亲说：“等我长大了，要去看埃及的金字塔。”父亲生气了，在他头上拍了一巴掌，训斥道：“真荒唐！你别总是做梦了！我敢保证，你去不了。”

再后来，林清玄上了大学，毕业后当了记者，出了好多书。他每天坐在家里读书、写作，出版社、报社和杂志社源源不断地往他家里寄钱，他用邮来的钱去各地旅行。有一天，他站在金字塔下，仰望着高高的金字塔，想起了小时候对父亲说过的话，情不自禁地笑了起来。那些在他父亲看来是不可能实现的梦想，在十几年后，他把它们变成了现实。

很多人小时候都有着这样那样的梦想，可是随着时光的推移，大多数的人梦想还只不过是一个遥不可及的梦！他们只会在夜深人静的时候慢慢悼念自己未曾实现的梦想。其实，光有梦想是不够的，你还需要学会经营你的梦想。

林清玄就是这样做的，他为了实现自己的作家梦，十几年如一日，每天早晨4点就起来看书写作，每天坚持写3000字，每年就是100多万字。

英国内阁教育大臣布伦克特，他是一位盲人。小时候，他就在幼儿园的作文中写过自己的梦想——长大后，要成为英国内阁大臣。五十年后，他实现了自己的梦想，因为从那时起，他的梦想就一直记在脑海里，从未放弃过。

每一个成功者，最初的时候和我们一样，种下了自己的梦想，但是不同的是：他们把梦想当作自己生活的目标，每天为了这个目标而努力学习，勤奋工作一点点缩短现实与梦想的距离，最终把梦想变为现实。

成功其实很简单。你先有一个梦想，然后努力经营自己的梦想，不管别人说什么，你都永不放弃。

迈出第一步，你才能超越平凡

行动能证明一切，不管真理还是谬误。事物的变化和发展必须依靠不断的行动，最后完成由量变到质变的过程。有了改变自己、追求成功的想法之后，行动，行动，再行动，直到我们成功。

当对一件事情有20%的把握的时候，就请行动起来，马上去做。如果再畏首畏尾等待所有准备都成熟的时候，机会已经溜走了。

有些人总想着当事情有100%把握的时候才行动，但是漫长的等待却让这些事情最终没能完成。即使是一件小小的事情，等所有条件都具备的时候再行动，我们回头发现这件事情实际所花费的时间，要比计划的多很多，更可惜的是我们浪费了更多的机会。

正因为如此等待完美，很多人终其一生也没能干成一件自己想做的事情。永远都是在等待，在等待中老去。而那些想到好主意就马上行动的人往往能成功，是行动改变了他们的现状。

有好主意就马上行动，成功总是躲在困难之后，我们要做的就是用力去拨开成功道路上的荆棘。成千上万的人都拥有雄心壮志，为什么很多人没有如愿以偿，仍然是个普通平凡的人，甚至在温饱线上挣扎？其中大多数人一直在拖延行动。并不是不想行动，只是想过一段时间再开始，这样一晃就是一生。

安东尼·吉娜曾是美国纽约百老汇中最年轻、最负盛名的演员，她在美国著名的脱口秀节目《快乐说》中讲述了她的成功之路。

几年前，吉娜是大学里艺术团的歌剧演员。在一次全校演讲比赛中，她向人们展示了自己璀璨的梦想：大学毕业后，她要先去欧洲旅游一年，然后要在纽约百老汇中成为一名优秀的主角。

当天下午，吉娜的心理学老师找到她，尖锐地问了一句：“你今天去百老汇跟毕业后去有什么差别？”吉娜仔细一想：“是呀，旅行的经历并不能帮我争取到百老汇的工作机会。”于是，吉娜决定一毕业就去百老汇闯荡。

这时，老师又冷不丁地问她：“你现在去跟一年以后去有什么不同？”

吉娜苦思冥想了一会儿，大学学历对百老汇的工作没什么帮助，于是对老师说，她决定下学期就出发。老师紧追不舍地问：“你下学期去跟现在去，有什么不一样？”吉娜有些晕眩了，想想那个金碧辉煌的舞台和那双睡梦中萦绕不绝的红舞鞋……她终于决定下个月就前往百老汇。

老师乘胜追击地问：“一个月以后去，跟今天去有什么不同？”吉娜激动不已，她情不自禁地说：“好，给我一个星期的时间准备一下，我就出发。”老师步步紧逼：“所有的生活用品在百老汇都能买到，你一个星期后去和今天去有什么差别？”

吉娜终于双眼盈泪地说：“好，我明天就去。”老师赞许地点点头，说：“我已经帮你订好明天的机票了。”

第二天，吉娜就飞赶到全世界最巅峰的艺术殿堂——美国百老汇。当时，百老汇的制片人正在酝酿一部经典剧目，几百名各国艺术家前去应征主角。按当时的应聘步骤，是先挑出十个左右的候选人，然后，让他们每人按剧本的要求演绎一段主角的念白。这意味着要经过百里挑一的两轮艰苦角逐才能胜出。

吉娜到了纽约后，并没有急于去漂染头发、买时装，而是费尽周折从别人手里要到了将排的剧本。这以后的两天中，吉娜闭门苦读，悄悄演练。正式面试那天，吉娜是第 48 个出场的，当制片人要她说说自己的表演经历时，吉娜粲然一笑，说："我可以给您表演一段原来在学校排演的剧目吗？就一分钟。"制片人首肯了，他不愿让这个热爱艺术的青年失望。而当制片人听到传进自己耳朵里的声音，竟然是将要排演的剧目对白，而且，面前的这个姑娘感情如此真挚，表演如此惟妙惟肖时，他惊呆了，马上通知工作人员结束面试，主角非吉娜莫属。

就这样，吉娜来到纽约顺利地进入了百老汇，穿上了她人生的第一双"红舞鞋"。

只有雄心壮志是不够的，如果不把理想付诸实践，永远都只是纸上谈兵。将来的机会不一定就比现在多，如果你现在不出发，就会落后很多，而这段落后的距离可不是轻易就能追上来的。

事实上，我们不是缺少成功的欲望，而成功最大的障碍来自一个人的惰性。如果我们能积极行动，克服惰性，总能得到梦想的东西。一个人即使有了创造力，有了智慧和才华，拥有了财富和人脉，并且有详细的计划，如果不懂得去使用这些资源，不愿意或者不敢采取行动，那么这一切都只能说是对这一潜能的最大浪费。

优秀，就是永远比别人多做一点

在工作和生活中我们总是渴望成为优秀和成功的人，可是在竞争激烈的今天，人人都在努力的时候，我们凭什么比别人更优秀？

答案是：永远比别人做得好一点！

“永远比别人多做一点”是无数成功人士极力秉承的理念和价值观，被许多著名企业奉为圭臬。“永远比别人多做一点”是指在工作和生活中要比别人看得更远一点、做得更多一点、动力更足一点、速度更快一点、坚持的时间更久一点。现代社会中，我们需要的正是这种人：他们不仅能很好地完成分内的事，还会想尽办法比别人多做一点！

俞敏洪创办英语培训班的时候，全国已经有好多家类似的英语培训班，但为何唯独新东方能脱颖而出，因为俞敏洪提倡了“比别人做得好一点”的文化理念和做事方式。而这种“比别人做得好一点”的思想，早在俞敏洪大学时代已经深入到他的人生哲学中。

俞敏洪刚进北大的时候，因为浓厚的江苏农村普通话而被“边缘化”，对于一个学习英文的学生来说，缺乏沟通和交流是学好英语的最大障碍。老师曾经这样批评他：“你除了‘俞敏洪’三个字能听懂外，恐怕再没有什么能听得懂了！”可想而知，俞敏洪当时是何等的自卑。

但是，他是一个不甘心被忽略的人，他决心改变现状。后来，他每天戴着耳机，在北大语音实验室废寝忘食地练习英文听力；他从小书店里买了一套《新概念英语》，抱着大录音机，钻到了北大的小树林里，开始了他的疯狂之旅。

俞敏洪几乎一天十几个小时狂听狂背，经过两个半月的魔鬼训练，他不仅能听懂任何人所讲的任何英文，而且成了会听英文、会说英文的人。

后来，创办新东方后，他就把新东方定位为对人的培养和成长的教育，不是单单对英语水平的教育。他说："搞教育不能纯粹以赚钱为目的，赚钱是教育的副产品——如果把服务做好了，教育的发展资金自然就来了。"所以，新东方这两点超过了别人。当时办培训班的不少都是赚到一点钱以后就不肯放手，而俞敏洪把前两年赚到的钱全部返还到学生身上去。

正因为比别人多做了一点点，做好一点点，俞敏洪的新东方才在浩瀚的英语培训班里乘风破浪、独领风骚。

永远比别人多做一点，是一种勤奋主动的精神，是一种永不言弃的毅力，是一种永远向上的努力，当然，这也是走向成功的至理名言。今天你比别人多做一点，明天你的希望就会比别人多出许多。

现代社会处处充满竞争，如果我们只是把完成任务作为自己的工作目标的话，就永远不可能拥有真正的成功。人只有在不断的自我超越中才能持续成长，而生命也会在持续的成长中不断完善，最终走向成熟。如何实现自我超越呢？我们不能满足于完成任务，而是要比别人所要求的多做一点，比自己所能做地再多做一点。尽管我们这样做了之后也未必就能成为最好的，但至少我们已超越了自己。

永远比别人多做一点点，你就是优秀的！

思路决定出路，想到才能做到

有位先生在一个公司干了十多年，在部门副经理的位置上待了五年，迟迟升不上去。本来两年前有一个扶正的机会，原经理调入总部，空下的位子完全有可能由自己顶替，但总部不知道出于什么目的，居然另从他处调来一个人来当经理。这个先生没有当上经理，本来也没有什么心理抵触，问题是：新来的经理和自己不合拍，经常会有一些小小的摩擦。

在一次冲突后，这个副经理决定不再在这个经理下面受气，于是决定找猎头公司帮自己谋个匹配的公司。他在家里将这个决定告诉了妻子，他的妻子问他：你是不是对这个公司没有了兴趣？他回答不是的，自己很舍不得走，只是无法容忍经理的管理方式。“那么，你为什么不换个角度，试着帮你的经理找个更好的职位呢？”

这个主意不错。副经理想：但是要如何才能让经理挪动呢？出阴招、告黑状之类的方法显然不可取。他们夫妻俩商量来商量去，觉得最好的办法莫过于帮助经理升职去总部，这是一个积极的、双赢的方法。

有了这个策略后，副经理的工作更加努力了，不仅带领团队将业绩做得相当出色，还在很多重要场合突出经理的领导有方。他这样做的效果很快就出来了，首先经理与自己的冲突减少了，不久之后，经理就因为能力强而上调总部担任更重要的职务。经理在临走时，大力向高层推荐副经理接任自己的职务。结果，副经理果然被马上扶正。

我们举上面这个例子的意思是：解决问题的方法很多，一定要用脑子去智取，不要蛮干。方法得当方为强者。蛮干很容易，做得不开心，我一走了之，这个人人都会做。西方流行着一句十分有名的谚语，叫作“Use your head”（用用你的脑子），许多名人一生都谨记着这句话，为人类解决了很多难题。

在现代社会里，每个人都在想尽一切办法来解决生活中发生的所有问题，而且，最终的强者也将是解决方法最得当的那部分人。

世界著名的电脑厂商 IBM 的前任总裁华特森就是一个特别注重办事方法的人，而且他十分舍得花费时间和金钱来培训员工们思考问题想办法的能力。他曾对外界信誓旦旦地说：“IBM 每年员工教育训练费用的增长，必须超过公司营业的增长。”事实也确实如此。

在全世界 IBM 管理人员的桌上，都会摆着一块金属板，上面写着“THINK”（想）。这一字箴言，就是 IBM 的创始人汤姆·华特森创造的。

1911 年 12 月，华特森还在 NCR（国际收银机公司）担任销售部门的高级主管。

有一天，寒风刺骨，淫雨霏霏，气氛沉闷，无人发言，大家逐渐显得焦躁不安。

华特森突然在黑板上写了一个很大的“THINK”，然后对大家说：“我们共同的缺点是，对每一个问题没有充分思考，别忘了，我们都是靠动脑赚得薪水的。”

在场的 NCR 总裁约翰·巴达逊对“THINK”这一字大为赞赏，当天，这个字就成为 NCR 的座右铭。3 年后，它随着华特森的离职，又变成了 IBM 的箴言。

其实，“THINK”是华特森从多年的推销经验中孕育出来的。

他在 1895 年进入 NCR 当推销员。他从公司的“推销手册”中学到许多推销的技巧，但理论与实际总有一段距离，所以他的业绩很不理想。

同事告诉他，推销不需要特别的才干，只要用脚去跑，用口去说就行了。华特森照做了，还是到处碰壁，业绩很差。

后来，他从困厄中慢慢体会出，推销除了用脚与口之外，还得靠脑。想通了这一点后，他的业绩大增。3 年后，他成为 NCR 业绩最高的推销员。这就是“THINK”的由来。

德国著名数学家高斯，孩童时代的聪明早被传为佳话。小高斯和同学们在计算 1~100 之间的自然数之和时，都在用脑。小高斯用脑找了一条捷径，方法得当，不消几分钟就算出 5050 的正确答案；而其他人则用脑将一个又一个数字相加，费时费力得出的答案还较难保证不出错。这就是方法得当的力量。

思路决定出路，想到才能做到。一个人的思想是一块富饶的土地，你可以让它变成硕果累累的良田，也可以任它成为杂草丛生的荒地———切取决于你是否有计划地播种与耕耘。

马上行动，才有可能成功

做事的秘诀是什么？是行动。而督促你去运用这秘诀的座右铭是“现在就去做”。

因为行动可以创造更多的成功机会，行动可以使你学到未曾学习过的东西，从而使自己一步步地向成功迈进。所以，每一个希望自己获得成功，造就灿烂人生的人都必须把“立即行动”作为自己的座右铭。

制定目标或许还不算太难。可是要能贯彻到底就不是一件容易的事。相信很多人都有过这样的经验，刚定好目标时颇有磨刀霍霍的干劲，可是过了三个星期后就没劲了，实现目标的自信也早已荡然无存。当你制定一项目标后，首要的步骤就是把它写在纸上，这样才能使目标具体化，遗憾的是大多数人连这么简单的步骤都不做。

当你把目标写下来之后，随之最重要的一就是立即让自己行动起来，向着实现目标的方向拿出具体的行动，可别一拖再拖。你先别管要行动到什么程度，最重要的是要动起来。打一个电话或拟出一份行动方案都是可行的，只要在接下去的 10 天内每天都有持续的行动，这 10 天小小的行动必然会形成习惯，最终把你带向成功。

曾经有一位 63 岁的老人从纽约市到迈阿密市。经过长途跋涉，克服了重重困难，她到达了迈阿密市。在那里，有几位记者采访了她。他们想知道，这路途中的艰难是否曾经吓倒过她？她是如何鼓起勇气徒步旅行的？

“走一步路是不需要勇气的”，老人答道，“我所做的就是这样。我先走了一步，接着再走一步，然后再一步，我就到了这里。”

是的，做任何事，只要你迈出了第一步，然后再一步步地走下去，你就会逐渐靠近你的目的地。如果你知道你的具体目的地，而且向它迈出了第一步，你便走上了成功之路！

我们要想获得成功，就必须抓住适当的机会，而把握机会的秘诀则是快速的行动与准备。如果人生是旅程，机会是导游，我们就是旅客。必须随时预备好行李，只要听到机会敲我们的门，就立刻提起行李跟它走。如果我们不能掌握时机，虽然起步只比别人迟一点，未来却可能会差许多。

马上行动，才有可能成功。汤姆是当今世界排名第一的推销训练大师，接受过其训练的学生在全球超过 500 万人。他也是全世界单年内销售最多房屋的地产业务员，平均每天卖一幢房子，至今仍是吉尼斯世界纪录保持者，被国际上很多报刊称为国际销售界的传奇冠军。

有人问他：“你成功的秘诀是什么？”他回答说：“每当我遇到挫折的时候，我只有一个信念，那就是马上行动，坚持到底。成功者绝不放弃。”

马上行动可以应用在人生的每一阶段，帮助你做自己应该做却不想做的事情。对不愉快的工作不再拖延，抓住稍纵即逝的宝贵时机，实现梦想。不论你现在如何，用积极的心态去行动，你就能达到理想的境地。

许多事情的难度，都由于我们的犹豫和摇摆加大了。事情并没有我们想象的那么艰难，只要我们马上去做，就可能产生出乎意料的奇迹。

美国混合保险公司的创始人史东，觉得对他一生影响最大的一句话来自妈妈逼他遵守的一个行为习惯——立即就做！从卖报纸的时候起，他就一直遵守“立即就做”的准则，后来，他通过推销保险，训练了一批批非常优秀的保险队伍，并成为百万富翁。

只要有好的想法，哪怕它看起来很荒谬，都应该立即付诸实践。说不定奇迹就在你的面前！让我们记住《福布斯》杂志创立者福布斯的名言吧：“做正确的事情，把事情做好，立即做！”

第五章

做好人生规划，避免盲目和重复

每个人都应该有自己的人生规划。给自己一个正确、合理的定位，才能做出正确的人生规划，才能时刻信心百倍的去迎接机遇与挑战。按照自己的人生规划去奋斗，成功的概率才会更大一些。

一寸光阴一寸金，学会做时间的主人

中国古人说“一寸光阴一寸金”，而在外国的谚语里，时间就是金钱。列宁曾说过：“浪费别人的时间等于谋财害命，浪费自己的时间等于慢性自杀。”虽然科学家已经证明时间是一种维度，理论是时间是可以倒流的，但起码现在，时间正如从前的物理学家们说的，就像一条永不回头的河流。正因为这种不可重复性，所以时间对于我们来说就弥足珍贵。

古代人对皇帝总是三呼万岁，实际上能活上一百岁的人都凤毛麟角，即便能活一百岁，也就三万六千五百天。和宇宙的年龄相比，连短暂的电光火石都算不上。正因为时间过去了，就不会回来。多少人悔恨终生。“莫等闲，白了少年头，空悲切。”年少时期不思进取，虚度光阴，到老来只有“空悲切”的份了。时间的这种性质，使得我们不得不去珍惜每分每秒，珍惜时间就是珍惜生命。

如果一个人主宰了时间，那他几乎可以被称为上帝，因为时间可以创造一切。有了时间，我们可以建立起高楼大厦；有了时间，我们就会改善我们的生活。还有时间不能创造的吗？没有，有了时间我们甚至能去追求神圣的爱情。总之，时间就是一笔财富，一笔巨大的财富。

一个人要想获得很大的成功，必须成为节约时间的能手。我们一定会去敬佩鲁迅。他们为什么会在短短的一生中创造出如此多的著作？据说他为了珍惜时间写好稿子，常常站着写稿子。他说："时间就像海洋之中的水，只要挤，还是有的。"希望我们每一个人都能珍惜时间，去做生活的强者，而不要沦为时间的奴隶。

爱迪生一生只上过三个月的小学，他的学问是靠母亲的教导和自修得来的。他的成功，应该归功于母亲自小对他的谅解与耐心的教导，才使原来被人认为是低能儿的爱迪生，长大后成为举世闻名的"发明大王"。

爱迪生从小就对很多事物感到好奇，而且喜欢亲自去试验一下，直到明白了其中的道理为止。长大以后，他就根据自己这方面的兴趣，一心一意做研究和发明的工作。他在新泽西州建立了一个实验室，一生共发明了电灯、电报机、留声机、电影机、磁力析矿机、压碎机等等总计两千余种东西。爱迪生的强烈研究精神，使他对改进人类的生活方式，做出了重大的贡献。

"浪费，最大的浪费莫过于浪费时间了。"爱迪生常对助手说。"人生太短暂了，要多想办法，用极少的时间办更多的事情。"

一天，爱迪生在实验室里工作，他递给助手一个没上灯口的空玻璃灯泡，说："你量量灯泡的容量。"他又低头工作了。

过了好半天，他问："容量多少？"他没听见回答，转头看见助手拿着软尺在测量灯泡的周长、斜度，并拿了测得的数字伏在桌上计算。他说："时间，时间，怎么费那么多的时间呢？"爱迪生走过来，拿起那个空灯泡，向里面斟满了水，交给助手，说："里面的水倒在量杯里，马上告诉我它的容量。"

助手立刻读出了数字。

爱迪生说："这是多么容易的测量方法啊，它又准确，又节省时间，你怎么想不到呢？还去算，那岂不是白白地浪费时间吗？"

助手的脸红了。

爱迪生喃喃地说：“人生太短暂了，太短暂了，要节省时间，多做事情啊！”

爱迪生未成名前是个穷工人。一次，他的老朋友在街上遇见他，关心地说：“看你身上这件大衣破得不像样了，你应该换一件新的。”

“用得着吗？在纽约没人认识我。”爱迪生毫不在乎地回答。

几年过去了，爱迪生成了大发明家。

有一天，爱迪生又在纽约街头碰上了那个朋友。“哎呀！”那位朋友惊叫起来，“你怎么还穿这件破大衣呀？这回，你无论如何要换一件新的了！”

“用得着吗？这儿已经是人人都认识我了。”爱迪生仍然毫不在乎地回答。

时间，这是一个多么极其普通的词呀！人们无时无刻地谈论着它，有人谈论它的飞逝，有人谈论它的价值，有人谈论怎样利用它，有人谈论怎样节省它。显然，有人懂得时间的意义，有人是对它不屑一顾。

时间，他是人们生命中一个匆匆的过客。人们往往在他逝去后才发觉，自己的时间已经所剩无几了。因此才有了古人一声叹息：少壮不努力，老大徒伤悲。生命中的时间是宝贵的，如果你细心那你一定会发现，每一个成功人士的背后一定都有一段珍惜时间的故事。赶快做，不让时间白白流走。懂得珍惜时间的人，便会知道失去时间的痛苦。一寸光阴一寸金，寸金难买寸光阴。

为了不让时间飞逝，就要做时间的主人，好好利用每一分每一秒，这就要求我们在利用时间的同时要合理安排，统筹计划。周总理就是个合理安排时间的典范，身处要职的他，每天需要处理全国上上下下、大大小小的事务，和常人一样，周总理一天也只有24小时，而他却要日理万机，把事情安排得妥妥当当，而我们又能做些什么呢？看几场电影或听几盘磁带，把时间白白浪费，在同样的时间里所取得的收获，却有天壤之别。

不管做什么事，只要你全力以赴，全心全意地去做，自然而然的就能节约时间。如此说来，节约时间也不是件很难的事。也许时间对每一个人都是最公正的，它不等待谁，也不欺骗谁。好好珍惜，别辜负了它。

未雨绸缪，人生成功的保证

现在率性的人很多，有的逢山开路，遇水搭桥，有的随遇而安，得过且过。这样的性情也没错。现在的生活节奏快，活着也累，确实需要放松自己，没必要事事苛求。但总体上来讲，人无远虑，必有近忧。要做的事情，总要有个计划，这其中重要的一个方面，就是打出提前量，多留些余地，要做到事事提前有准备。读过三国演义的人，一定还记得曹操败走华容道，不管他怎么选择，都会落入诸葛亮的算计，让曹操一度绝望到想自杀。而这些士兵是诸葛亮在赤壁之战开始之前就筹划好的。为什么说诸葛亮是一位伟大的军事家，因为事事都在他的掌握之中。

古训有“凡事预则立，不预则废”，意思就是告诫人们做任何事情都应该首先做好计划，提高预见性，这样才能成功。在你做事情之前，一定要做好准备，未雨绸缪，不要事到临头才不知所措。如同将军，一旦打没有准备没有把握的仗，失去的将是成千上万的生命。而你，如果没有准备，或许幸运的时候，你是微不足道的失败，而不幸运的时候，你失去的将是你的前途抑或是人生。凡事预于先，谋于前，做足准备，往往能占据主动，确保事情的成功。否则，事发突然，或计划赶不上变化，往往让人手忙脚乱、穷于应付，甚至连可以避免的失误都避免不了，处处陷于被动之中。

从前有一位农场主，在大西洋沿岸耕种一块土地。他总是不断地张贴雇用人手的广告，可还是很少有人愿意到他的农场工作。因为大西洋沿岸的风暴总是摧毁沿岸的建筑和庄稼。直到有一天，一个又矮又瘦的中年男人找到农场主应聘。

“你会是一个好帮手吗？”农场主问他。

“这么说吧，即使是飓风来了，我都可以睡着。”应征者得意地回答。

虽然这听上去有点狂妄，农场主心里也有点怀疑，但是农场主还是雇用了这个人，因为他太需要人手了。

新来的长工把农场打理得井井有条，每天从早忙到晚，农场主十分满意。

不久后的一天晚上，狂风大作。农场主跳下床，抓起一盏提灯，急急忙忙地跑到隔壁长工睡觉的地方，使劲摇晃睡梦中的长工，大叫道：“快起来！暴风雨就要来了！在它卷走一切之前把东西都拴好！”

长工在床上不紧不慢地翻了个身，梦呓一样地说：“不，先生。我告诉过你，当暴风雨来的时候，我能睡着的。”农场主被他的回答气坏了，真想当场就把他给解雇了。

他强压着火气，赶忙跑到外面，一个人为即将到来的暴风雨做准备。不过令他吃惊的是，他发现所有的干草堆都早已被盖上了防水布，牛在棚里，鸡在笼中，所有房间门窗紧闭，每件东西都被拴得结结实实，没有什么能被风吹走。农场主这时才明白长工的话是什么意思。

这个长工之所以能够睡得着，是因为他已经为农场平安度过风暴做足了准备。如果你在精神、心理、身体等方面做好了准备，那么就没有什么东西可以令你害怕了。

当风暴吹过你的生活的时候，你能睡得着吗？

要知道，机会总是留给有准备的人，而失败总是等待着毫无准备的人。公元前415年，雅典人准备攻击西西里岛，他们以为战争会给他们带来财富和权力，但是他们没有考虑到战争的危险性和西西里人抵抗战争的顽强性。由于求胜心切，战线拉得太长，他们的力量被分散了，再加上面对着所有联合起来的敌人，他们更难以应付了。雅典的远征导致了历史上最伟大的一个文明的覆亡。

一时的心血来潮引起了雅典人的灭顶之灾，胜利的果实的确诱人，但远方隐约浮现的灾难更加可怕。因此，不要只想着胜利，还要想着潜在的危险，有可能这种危险是致命的。不要因为一时的心血来潮而毁灭了自己。

许多人都被眼前的利益蒙蔽了双眼，而看不到远方的危险，他们的权力会在这个过程中丧失。所以，要学会高瞻远瞩，培养自己预见未来的能力。

感觉经常会欺骗自己，那些自认为拥有预见未来能力的人，事实上只是屈服于欲望，沉湎于自己的想象而已。他们的目标往往不切实际，会随着周围状况的改变而改变。

1848年的法国大选实际上是梯也尔和卡芬雅克将军之间的较量。梯也尔把伟大的拿破仑将军的侄孙——路易·波拿巴扶上台，企图让他成为自己的傀儡。路易·波拿巴看起来没有丝毫优越的地方，但是他的姓氏让人民以为他是一个强有力的统治者。最终波拿巴在大选中以极大的优势获胜了。

但是梯也尔没有预见到波拿巴的勃勃野心，三年后波拿巴解散了国会，自立为帝，解除了梯也尔的职位。梯也尔为以前所做的事后悔莫及。

机遇总是眷顾那些有准备的人。这个准备，就是提前做好打算，时刻蹲守在出发点上。一旦发令枪响了，就能纵身而跃，脱颖而出。人的一生，如果能够抓住这样一两次机遇，就可能形成超越平常人的态势。当然，甘于平淡也是一种境界，但平淡不等于平庸，人必须要有一种向上的精神。即使在平淡的时候，也要时刻做好准备，很多看似平淡的人，往往会语出惊人，技惊四座，其实这都是长期积累，充足准备的结果。

凡事预则立，不仅仅是指时间上的一个提前量，另一方面，做事留余地，也是一种“预”，正如诸葛亮在华容道用关羽放走曹操，也正是为今后天下三分之势做准备。做人一定要有余地，知进退，不能把话说满，不能把事做绝。人的认知总有局限，不会永远正确，刚愎自用会坏事。说话办事，即使在最自信的时候，也要留有挽回的余地。多用商量的语气，多用探讨的态度，设想好最佳的结局和最坏的结果，做好应对的措施。这样做，大的方向不会有偏差，大的失误也能避免。

凡事做预备，不但有纵向的，也要有横向的。一件事情，既要想得超前一些，做得深入一些，又要懂得举一反三，触类旁通，看看别的事情能不能参照，能不能早做准备。曾经有几个一起工作的小伙子，交代让他们提供的资料，会准备得很详实，同时也会准备相关的信息；交办做一件事情，会提醒你注意或自己暗暗准备其他几个相关的案例。与这样的人共事，会感觉很踏实，也很愿意让他们得到赞赏和提升。

凡是有所准备，未雨绸缪对一个人事业和生活都具有相当重要的意义。真正的成功人士不打无准备之仗，也不打只有准备但无把握之仗。因此，一切作战行动预先必须有周密的计划，尽可能有充分的准备；同时，必须预计到最困难最复杂的情况，并把这种情况当作一切部署的出发点。有时，在无把握的情况下，宁可推迟作战时间也不能打没把握的仗。只有做好充分的准备，才能取得成功，准备是人生成功的保证。

做命运的主人，才能成为生活的强者

每个人从出生之时起，就会经历各种各样的挫折和失败，惊险与失落，沮丧与痛苦。世上的路总是起起伏伏，曲曲折折，当人们疲惫这种不确定性之后，往往反而认为冥冥中有一个高高在上的神秘的意志在主宰着人间万物。这个主宰者有许多名字，在中国人们叫他玉皇大帝，在希腊，人们叫他宙斯，某些地方人们叫他安拉，某些地方他又有一个名字叫耶和华。不管怎么样，至高的神实际上都是人类无法完全主宰命运结果的产物。

在这种意志的主宰下，一切皆有定数。穷通有定，善恶有报，在某种意义上，也许这样的存在更能够让世界建立起一种和谐的秩序。因为没有任何一个至尊的神不是惩恶扬善的，所谓抬头三尺有神灵。

如果世上真有这么一个高高的存在，那么它肯定不叫上帝，而叫规律，或者叫道。万事万物都是服从其特有规律的，人也不例外，每一个人的命运也是被大千世界的诸多因素制约，按照一定规律发展的。因此，就给了我们做自己命运主人的机会。因为只要我们审时度势，顺势而行，自然会驾驭住命运的马车，否则，我们必须被命运抛入痛苦的渊薮。

要做自己命运的主人，自然不能受“上帝”的安排。不把一切痛苦的渊源归于宿命上面，所谓“我命由我不由天”，才是遇挫折时的态度。要有乐观的态度，用积极的精神，旺盛的斗志奋斗到底，冷静而热情地以智慧与毅力化解困难。我们依旧勇敢的自信地对命运说："我要做你的主人，我要书写自己的人生！"

生活的强者，必须是奋起于与恶劣命运抗争的人，他们从不气馁，直到走出人生的低谷。伟大的音乐家贝多芬因为贫困没有受过高等教育，十七岁时得了伤寒和天花，之后，肺病、关节炎、黄热病、结膜炎接踵而至，二十六岁时又失去了听觉。然而，就是这样一个在常人看来几乎没有任何快乐因素的人，却创作出了《月光曲》《命运交响曲》等多部感动世人的伟大作品，被后人尊称为"乐圣"。命运在向人们关闭一扇窗的同时，又为人们打开了另一扇门。一个积极乐观自信的人，能够笑看生活中的输赢得失。他们相信未来，从不抱怨现状，而是利用自己的优势，发挥自己的潜能，成就自己的事业，实现自己的价值，享受人生的快乐。

所以说，如果你要幸福快乐，要事业成功，健康的心态是最重要的。唯此，在痛苦的时候，你才会寻找欢乐；在压力大的时候，你才会放松自己；在失败的时候，你才会找到希望。对于乐观的人来说，他的生命中永远不会有"绝望"两个字存在。

一个在荒岛上能够自力更生的人，一个既有主见又非常勤劳的人。他，用自己的经历告诉世人：只有善于创造，善于劳动，做命运的主人，才能成为一个探索者，一个发明家，才能体会生命的真谛！他就是出自丹尼尔·笛福笔下一个传奇人物，小说《鲁滨逊漂流记》的主人公——鲁滨逊。

小说主要讲的是主人公鲁滨逊坎坷而又充满意义的人生，他不愿听从父母的劝告，一意孤行地要去航海，在前两次航海时，虽遭风浪，但每次都幸免于难。可在他第三次航海中，他却被海浪抛到一座荒无人烟的岛上，从而开始了他长达28年的历险生活。

面对人迹罕至的荒岛，鲁滨逊没有因为命运的打击而退缩，而是靠自己的智慧和勤劳的双手，顽强地活了下来，并且在岛上生活了28年。他开拓进取，相信“知识就是力量”，经过多年的努力，小岛上渐渐展现出欣欣向荣的景象：房子、水稻、羊、狗、猫……有谁知道在取得这些成功的背后，鲁滨逊付出了怎样的艰苦努力啊？尽管他得到了物质上的需要，但是他也需要精神上的安慰，缺一个知心朋友。最后“星期五”的到来，填补了这个空洞。“星期五”是鲁滨逊救下的一个俘虏，因为那天是星期五，所以便给他起名“星期五”。从此，鲁滨逊教星期五说英语、穿衣服、打猎……就这样星期五成了鲁滨逊忠实的仆人与朋友，他们相互依靠，在岛上又生活了几年。后来，偶然发现了一艘英国船，鲁滨逊和星期五终于得到了离开孤岛的机会，回到了阔别多年的家乡，创造了改变命运的奇迹！

鲁滨逊身上具有丰富的创造力和永不放弃的实干精神，体现了他不屈服于命运的英雄本色。每当他遇到困难时，就会令人心中升起悬念，而每当他依靠自己聪明的头脑，勤劳的双手解决困难之时，又会让人由衷地感到欣慰！通过阅读《鲁滨逊漂流记》，让人深深地懂得了：在以后的生活和工作中，我们应该像鲁滨逊那样，自力更生、永不放弃，不向困难低头，做命运的主人！

谈到不幸，或者没有一个人比鲁滨逊更倒霉了。但是，他从没有向命运屈服，而是勇敢站起来，向恶劣的生活挑战。最后居然在一个荒岛上建立了一个奇迹世界。相比之下，在人生的旅途中，曾有许多人常怨叹自己命不好，运势不佳，却又不知如何去改造命运。又有人知道自己的命运符合，但意志不坚，缺乏信心耐力，或不踏实地，而无法创造自己的命运。再又有人知道自己的命运不佳，于是心灰意冷、失志、而对生命失去希望。或又有人知道自己的命运甚佳，整天坐享其乐，好吃懒做，不付出耕耘的代价，心存梦想不求行动，而让好的命运悄悄地溜走。比较起来，鲁滨逊不是更懂得命运的人吗？

俗话说“天无绝人之路”，真正让一个人走向不归路的，肯定是他自己的某些弱点，某些罪恶。所谓“天作孽，尤可恕，自作孽，不可活”，没有一个人生下来就被上帝所特别诅咒，正如没有一个人生下来就被上帝特别祝福一样，一个人的命运怎么样，全靠他自己掌握，全看他的性格修炼和努力程度。有的在人生的半途中就停止前进，有的甚至尚未在人生的旅途上迈开步伐就已经倒下来，于是烦闷，失意的心情更围绕着自己的人生，而逼着自己自暴自弃，再加上现实的环境越使自己感到孤立无助，前途渺茫，转而怨天怨地，咒骂人生，且在不知不觉中荒废了自己宝贵光辉的生命，这是多么的可惜呀！

因而不让自己生命宝贵的光辉，失落于人生中，所以必须了解自己的命运，而积极地去突破命运掌握操纵人生，使宝贵光辉照耀着人生。

托尔斯泰有句名言：“大多数人想改造这个世界，但却罕有人想改造自己。”一位牧师正在做事，他5岁的儿子过来纠缠。为了摆脱纠缠，他随手拿起一张世界地图，撕成碎片，说你拼好了再带你去玩。3分钟后，孩子拿着拼好的地图进来。牧师惊呆了，这么快怎么可能拼出呢？孩子翻过地图背面，指着背面拼好的人头像说，只要人正确，世界就正确呀！精辟！深奥！的确。当我们都致力于调整这个世界时，为什么就不能转向自己？不能改变环境，不能改变他人，难道我们不能改变自己吗？

拿破仑说，良好的心态是成功人士所共有的一个简单秘密。心态的力量在成功路途中起着决定性的作用，有什么样的心态，就有什么样的人生。因此，拿破仑即便被终身囚禁于孤岛上时，他的人生也没有虚度。

长跑要有对手，奋力才有意义

人生犹如长跑，如果没有对手也将会十分孤单。在电视剧《亮剑》中，八路军的李云龙团长和晋绥军的楚云飞团长就是惺惺相惜的朋友，虽然他们知道最终有一天会各为其主，变成战场上的敌人。这两个人彼此佩服，彼此照顾和关爱。正是由于楚云飞的存在，激发了李云龙的好胜心，也正是由于李云龙的存在，也更加激发了楚云飞身上的男儿血性。虽然这两个人最终走向战场的对立面，但是这种肝胆相照的敌人有时候比朋友更值得尊敬。

而在《康熙王朝》中，康熙皇帝有这样一段台词："这第三杯酒，朕要敬给朕的死敌们，鳌拜、吴三桂、郑经、噶尔丹，哦，还有个朱三太子，啊，他们都是英雄豪杰啊，啊，他们造就了朕哪！他们逼着朕立下了这丰功伟业！朕敬他们，也恨他们！可惜啊，他们都死了，朕寂寞啊！朕不祝他们死得安宁，祝他们来生来世再与朕，为敌吧！"虽然真正的康熙不一定说过这段话，但道理是一样的。这些对手的存在，逼出了康熙的雄心壮志，从而成就了自己的事业。

在武侠小说中，当绝世高手们真正做到了天下无敌的时候，他们也只能做一个落寞的"独孤求败"，一个没有对手的英雄是可悲的，因为他没有机会证明自己。对手是个重要的参照物，对手的存在证明你本人存在的价值。多年来，可口可乐和百事可乐，麦当劳和肯德基，柯达和富士，微软和Sun，这些世界上最著名的公司，似乎一刻也没有停止过争斗。争斗的客观效果之一，就是把全世界的眼球都吸引到他那里去了，不管快餐业还有多少个麦肯鸡，基肯麦，肯麦基，都只能在角落里发声，舞台的正中，永远只有两个主角，那就是麦当劳和肯德基，只有他们才配互为对手。

古人搏杀时，若英雄相遇，常常不忍加害，虽然各为其主，场面上打得热闹，内心其实是相互喜欢，相互敬仰的，这样的人我们视为真英雄。因为他们在对手身上看到自己的影子，同是英雄，也就有了理解的基础，有了相互尊重的前提。珍惜对手就是珍惜自己，宽容对手就是自尊的表现。一个真正相配的对手，是一种非常难得的资源，从某种意义上说，它与自己相辅相成，斗争最激烈的时候，也就是双方最辉煌的时候，一旦一方消亡，另一方也会走向衰退，除非他能脱胎换骨，或者找到新的对手。

人生在世，不仅需要朋友，同样也需要对手，需要对手的重要性甚至超过了朋友。甚至有人说“评价一个人的价值不是看他的朋友，而是看他的敌人”，没有朋友，生活会郁郁寡欢，形单影只，生活是寂寞乏味的；没有对手，自己一个人唱独角戏，自己的潜能很难得到挖掘，也难以达到自己的人生高度。

美洲虎是一种濒临灭绝的动物，据说，现在世界上尚存不足20只，其中有一只生活在秘鲁的国家动物园里。为了保护这只美洲虎，秘鲁人在动物园里单独圈出一块地，让它自由生存，圈地中有成群的牛、羊、鹿供老虎享用。参观过虎园的人都说这是“虎的天堂”。然而奇怪的是，没人看见这只老虎去捕捉牛羊，唯一见到的情景就是它躺在空洞的虎房里吃了睡、睡了吃。

一些市民认为它太孤独了，就集资从国外买雌虎来陪它生活。

然而此举并未带来多大改观，那只老虎最多陪伴外来的“女友”走出虎房，到阳光下站一站，不久就又回到它的“卧室”。“它怎能不懒洋洋呢？虎是林中之王，你们放一群吃草的小动物，能提起它的兴趣吗？这么大的一个老虎保护区，你们不放两只狼，至少也得放一只豺狗吧？”一位来此参观的市民建议道。人们觉得他说得有理，就把5只美洲豹投进了虎园。结果，自从豹子进园后，美洲虎就再没回过虎房，它不是站在山顶长啸，就是从山上下来，在草地上游荡，不再长时间睡觉，不再吃管理员送来的肉，基本恢复了本性。

生活上需要对手。喜欢下棋者，要找一个水平相当的对手，才能杀得酣畅淋漓；酷爱打球者，要找一个球技不相上下的对手，方可尽兴过瘾。事业上更需要对手。古往今来，凡是轰轰烈烈的事业，都是强大的对手激烈碰撞的结果。刘、项争夺天下，金戈铁马，刀光剑影，杀得难解难分，于是就有了鸿门宴、十面埋伏、霸王别姬等一幕幕历史大戏生动上演。诸葛亮与周瑜，都是一时人杰，二人既是朋友又是对手，明争暗斗，各展绝技，于是就留下了群英会、草船借箭、三气周瑜等美妙传说，而正是赫克托的存在，才衬托了阿喀琉斯的伟大。

无疑，现实生活中，不管你愿意与否，没有对手的人生是残缺不全的。因为，对手可以激发我们的竞争意识，使我们不甘平庸，不肯落后；对手可鞭策我们不敢懈怠，不肯放松，永远进取；对手可使我们保持危机感，始终心存忧患，在激烈的竞争中升华自己，实现人生价值。一个人如果没有对手，很可能就是落后的开始，没有对手，就会自高自大，成为井底之蛙；没有对手，就会自得其乐，“山中无老虎，猴子称大王”；没有对手，就会裹足不前，得过且过，最终被时代所抛弃。

因而，我们如果没有对手，就要主动给自己找对手。可在身边找，也可在千里之外去找；可在今人中找，也可在古人中找；可以是真实的对手，也可以是虚拟的对手；说到底，也就是要找个追赶的榜样，找个竞争的对象，找个可以激励自己的目标。一看到他，就能发现自己的不足，觉察出自己的差距；一想起他，就充满了不服输的劲头，就渴望真刀真枪地比一回，分个输赢高下。倘若有了这样的对手做伴，能树立强烈的对手意识，时时在激励、鞭策我们，奋斗几十年，我们即便成不了伟人名流，也不会一事无成；即便不会名闻天下，也不会蹉跎人生。我们将在和对手的不断较量中，成长成熟，趋善趋美，走向自己人生的辉煌。

因为有了白云的点缀，蓝天才不会显得空洞；因为有了红花的陪衬，绿叶才越发滋润；因为有了小溪的叮咚作响，小河才不会寂寞……生活启示我们：人生需要对手。

有人说，对手如一串音符，倘若其中没有休止符，便无法演奏出动人的乐曲。是啊，或许我们在很长时间内面对对手显得苍白无力，忧虑重重，但这毕竟是一把待启的“锁”，只要找对了钥匙，耐心加上信心便终会开启。

有人说，对手好似一幅油画，如果没有留出些空白，也就失去了它应有的层次和美感，就像斑驳的树影深深浅浅的动感之路。的确，有许多客观原因使我们在对手面前逊色不少，但努力过后，终有收获亦是我们坚信的真理。

“风雨彩虹，铿锵玫瑰”，它在旭日下开得那样灿烂。面对对手，我们更多的是要永不言弃，“蒲苇一时韧，便作旦夕间”令我们惋惜；“逆水行舟，不进则退”令我们知难而上；“长风波浪会有时，直挂云帆济沧海”更令我们面对对手时面不改色，充满信心和勇气。

对手就像一阵风，时而宁静，时而疯狂……但他却能点缀成我们生命中最美好的篇章。

活着，就是不断选择的过程

或左或右，或进或退，或此或彼，人生其实就是一个不断选择的过程。选择一件衣服，选择上街而不是宅在家里，选择一个工作，选择一个爱人。有的选择无关痛痒，而有的选择可以决定你的人生。人生也处处都是选择，即使是你的出生，看似无奈的不可选择，也是一种选择。

人生一是条不可逆的道路，而这条道路只是世界网络的一部分。在每一个分岔，我们都必须做出一个选择，否则将停滞不前。一个人在生活中，要经历无数次或大或小的选择，成长的路上不停地会遇见岔路口，决定走哪一个路口，完全看你的选择。这个选择，将决定你以后的路该怎么走。如果一个选择适当，将会使你的人生受益，而如果选择不当，则后患无穷。因此人们常把人生比作围棋，一着不慎，满盘皆输。

从很小的时候，我们选择读书，我们便选择了一种生活方式，如此，我们就必须告别墙根，树上，田野里的无忧无虑的生活。这个时候我们就必须肩负起学业的任务。之后我们便要选择考大学，而选择什么样的大学，这种选择是否能够如愿，也将会对今后的人生产生重大影响。大学毕业后，我们会选择就业，什么样的一个行业对我们来说又至关重大，一次次的选择让我们不断地成长，步入社会，我们要做人生最具体的选择，选择生活。

首先，我们选择行业。要就业了，我们开始费心思的选择我们想要从事的行业，从自己的喜好，到自己的专业，不停地筛选和权衡，面对当今社会的就业现状，最终走上自己的岗位，或许不满，或许很不情愿，但终究有了选择，而且，你必须面对。

其次，我们选择爱情。人生要有很多标志性的选择，我们选择爱情，选择自己的爱人，青涩的初恋，我们懵懂，心跳，感受着那种只属于青春的萌动情感，渐渐的我们开始懂得什么是爱情，如何去爱，感情便开始了甜蜜和浪漫，你侬我侬，海誓山盟。可能要经历几次的不断的选择，我们最终走进婚姻的殿堂，成就我们的爱情。

在一场讲授如何做好人生规划的专业课上，老师问学生："假设你一个人外出旅游，来到了一个峡谷，发现几米深的地方有一个拉链开着的提包，里面装着一沓钞票。同时，悬崖边有一些长得不是很牢固的树可以帮你拿到这笔意外的财富，当然，你更有可能因此而摔断脖子，请问：你会选择离开还是靠近？"

一半以上的学生选择了离开，毕竟，再多的财富也比不上可贵的生命。

老师没有发表意见，继续问："如果那个装钱的提包换成一个失足落下的小男孩，他此时奄奄一息地发出求救的呼唤——你又会怎么选择呢？"

学生们考虑了几秒钟后，全部选择了靠近。老师问："面对相同的环境，相同的危机，相同的后果，你们却做出了不同的选择，这是为什么呢？"

"因为目标不同，生命比财富重要。"一个学生说。

"只是因为个人所设定的目标不同，所以你们的价值观也就不同了。现在，我们换个内容。"老师接着说，"如果你有一个心仪的女友，你希望能和她厮守终身，但对方却不这样认为，也许她不是真的喜欢你。这时候，如果你一意孤行地付出自己的情感，那么结局会有两个：要么她被你感动，被动地和你在一起，但这段感情可能随时都会出现问题；要么她仍旧冷漠地离开了你，任你对她再好也没有用——这时，你是选择毅然离开，还是坚持靠近？”

学生陷入了两难的思考。

老师看到大家都不吭声，于是话题一转：“假如你是那个被人苦苦追求的女孩，在你根本没有打算接纳对方的前提下，你会选择离开，叫对方彻底死心，还是选择靠近，听任感情自由发展？”

学生们纷纷表示：“既然不爱人家，就该及早离开，免得耽误了对方的青春和幸福！”

老师微笑着说：“既然你们能够明白，在不喜欢一个人的时候，一定要给对方一个明确的答复，不要耽误、伤害别人，那么换位思考，当你是一个追求者时，又何必甘愿自己深陷泥沼之中，糟蹋自己的青春与幸福呢？”

学生们提出了疑问：“请问老师，我们今天讨论的课题与人生规划之间有什么直接的关系吗？”

老师说：“在人生的课题中，有很多人在面对问题的时候，本该离开却选择了靠近，本该靠近的却又选择了离开，所以他们的人生路途，走得跌跌撞撞痛苦不堪。如果你们连分辨离开与靠近的智慧都没有，分不清什么是‘势在必行’，什么又是‘势所不行’，那么所有的人生规划都将沦为空谈，再怎么学也是枉然啊！”

我们的生活是我们自己选择的，无论什么事情的选择，都取决于我们想要什么样的生活，其实，外界对我们的影响毕竟是有限的，选择的权利永远都在自己的手里，没有人能帮你做最后的抉择。路在脚下，我们也只能自己走，路边的行人都是行色匆匆，各自忙着赶路，也许我们会同行，甚至走得很远，这就是我们的选择。所以，不要去抱怨生活的不公，我相信上帝是公平的，给予你的永远都在你需要的时候，关键是你有没有伸出手去握住它？厄运不会一直纠缠着你，你想要甩掉它，完全可以随时甩掉，轻装上阵。你看身边的那些人，他们活的简单而快乐，其实你完全可以。

当然，人生的选择也不是越多越好。很多人都希望手里有无数张底牌，即便这一轮输掉，还有下一轮牌可打，其实这种想法但不得于一个人的成功。我们虽然随时面临选择，但是如果选择过多，反而会干扰我们的选择，犹豫不决，最后一事无成。

有两个西班牙人，一个叫布兰科，一个叫奥特加。虽然他们同龄，又是邻居，但家境却相差很远，布兰科的父亲是一个富商，住别墅，开豪车，而奥特加的父亲却是一个摆地摊的住棚屋，靠步行。

从小，布兰科的父亲就这样对儿子说：“孩子，长大后你想干什么都行，如果你想当律师，我就让我的私人律师教你当一名好律师，他可是一位为数不多的大律师；你如果相当医生，我就让我的私人医生教你医术，他可是我们这里医术最高的医生；如果你想当演员，我就将你送去最好的艺术学校学习，给你找最好的编剧和导演来给你量身定做角色，永远让你当主角；如果你想当商人，那么我就教你怎样做生意，要知道，你老爸可不是一个小商人，而是一个大商人，只要你肯学，我会将我的经商经验全都传授给你。”

而奥特加的父亲则总是这样对儿子说：“孩子，由于爸爸的能力有限，家境不好，给不了你太多的帮助，所以我除了教你摆地摊外.再也教不了你任何东西了。也就是说，你除了跟我去地摊，其他就是想也是白想啊！”

结局是，布兰科总是觉得自己还有路可走，直到无路可走的时候，悔之晚矣。而奥特加在30年后拥有了属于自己的服装集团。如今，该集团在世界68个国家中总计拥有3691家品牌店，一跃成为世界第二大成衣零售商。奥特加以250亿美元个人资产，位列《福布斯》2010年世界富豪榜第9位。

选择是重要的，而且是至关重要的，上帝把一切生活的元素都撒给你了，我们要自己选择自己的生活，选择幸福，幸福就会以百倍的幸福包围你。我相信，生活的艺术就是选择的艺术。

第六章

不坚持到最后，你就不会知道结局

有一种成功，叫永不言弃；有一种成功，叫坚持不懈。世上没有什么是一成不变的，好运和霉运常常交替而来。不管身受多大创伤，心情多么沉重，一贫如洗也好，没人理解也罢，都要坚持不懈。最终获胜的人，不一定是实力最强的那一个，但肯定是可以坚持到最后一秒的那个。人最大的敌人是自己，只有坚持到最后的人，才能等到成功的到来。

成功和财富离不开“坚持”

日拱一卒，似乎并不难，但很多人做不到。比方说，你每天花10分钟看书，没有什么困难，但要一年365天天如此，就有很多人做不到。

一个人能坚持到执着，坚持到在磨难与非议中义无反顾，其心中的强大支柱来自坚信。因为坚信自己选择的路没有错，所以才能够风雨无阻。

作为当今IT界的王者，草根创业英雄马云可谓小人物们的榜样。马云没有家庭后台，没有名校学历和海归背景，甚至连长相与身高都没有优势——媒体委婉地称他“长得很童话”，而他的个头与拿破仑相当。就这么一个普通得不能再普通的人，居然一手成功缔造了阿里巴巴与淘宝，现在正在努力地做一个叫“阿里妈妈”的互联网广告平台。

我们都知道在那个阿里巴巴与四十大盗的童话中，阿里巴巴口念“芝麻开门”就可以开启强盗的宝库。现实中的阿里巴巴同样充满传奇色彩，每一次芝麻开门都是那么激动人心。1999年3月，马云的阿里巴巴在自己家里诞生。8年后的2007年，在胡润推出了中国大陆财富榜上，马云的财富为50亿人民币。

阿里巴巴有今天的成功和财富，离不开“坚持”。而坚持来自坚信。马云首先坚信的是自己的能力，无论媒体是如何“贬损”马云的外表，都无损于他自信、睿智、能干的强者形象。同时，他还坚信自己选择的事业方向是正确的。马云说，他从创业之初就坚信电子商务一定会走出来。“如果说当时我就知道自己电子商务能够发展成今天的规模，那我肯定是在吹牛。但是，我相信它会发展。而且我一直坚持着。”

马云“坚信互联网会影响中国、改变中国；坚信中国可以发展电子商务；也相信电子商务要发展，必须先让网商富起来”。在“相信自己”这一点上，马云对年轻人的建议是这样说的：“人必须要有自己坚信不疑的事情，没有坚信不疑的事情，那你不会走下去的，你开始坚信了一点点，会越做越有意思。”

马云创办了阿里巴巴后的第二年，也就是 2000 年，网络经济泡沫破灭，互联网企业陷入了低谷。那时的阿里巴巴也未能幸免，人心浮躁，人员流失，阿里巴巴在美国的办事处和国内一些地区的办事机构也相继关闭。马云后来回忆当时的心情：“互联网能走多久，这些想法到底是天真还是狂话？到了最冷的冬天，大家觉得这个公司不可能走下去，那时的压力太大了。”这是一段最困难的时期，现实的浮躁、对未来的迷茫以及员工的不理解，马云陷入低谷。一次会议之后，马云在长安街上黯然走了 15 分钟。马云说：“坚持到底就是胜利，如果所有的网络公司都要死的话，我们希望我们是最后一个死的。”

在一次电视访谈中，马云有过一番这样的讲演：“做人的道理我不敢讲得太多，但我自己这么看，我觉得今天很残酷的，明天更残酷，后天很美好。绝大部分的人都是在明天晚上死掉的，见不到后天的太阳。所以我们这些人如果你希望成功的话，你每天要非常努力，活好今天，你才能遇到明天，过了明天你才能见到后天的太阳。”

在互联网经历寒冬的时候，很多人在逃难。就连马云团队里的一些人也产生了动摇，纷纷出去另谋出路。马云认为当年从他的公司里逃难的人都是“聪明人”，只有一批“智力障碍者”坚持和他在一起。聪明人与后来的财富擦肩而过，财富青睐的是坚持到底的“智力障碍者”。成功路上无止境。为了后天的太阳，傻傻的马云仍在坚持着，追逐着。

马云的坚持让他以及他的“傻子”团队收获了什么呢？2007年在香港上市的阿里巴巴B2B公司，总市值将超过680亿港元；马云直接持有上市公司股份的价值超过25亿港元；蔡崇信、卫哲等高管都将成为千万，乃至数亿级别的超级富豪；按平均计算，阿里巴巴的每个员工都成了百万富翁，有超过1000人成了实际意义上的百万富翁……中国互联网有史以来最大的富人帮也由此诞生。

马云在公司上市前，把公司300多名元老召集到一起开了个会。这些人都毫无疑问地进入了阿里巴巴的富人俱乐部。在这个会上马云和这些元老一个共同的感叹就是：“大家有今天的财富，全在于坚持。有时候傻坚持都比不坚持好。”

马云的傻坚持，让笔者想起了日本的“经营之神”松下幸之助。松下电器公司在发展壮大过程中，经历了无数危机。刚刚创立时，生产的电源插座全军覆没。勉强渡过难关后，所推出的自行车电池灯也险遭滑铁卢。二战中日本的战败，更是给松下电器带来极大的经营困难。松下幸之助曾说：“无论我们从事什么行业，若遇到挫折就气馁，失去奋斗的意志，那么永远无法成功。人生不如意的事十有八九，遇到不顺利的时候更应该继续努力，才会成功。”有人问松下幸之助：“如果事情已经坏得让人绝望怎么办?”松下幸之助的回答颇为血性:“那就抱着绝望的心情努力吧。”松下幸之助所说的意思,其实与我国古代所云的“破釜沉舟,背水一战”是一致的。

每天都要进步一点点，贵在“每天”

在20世纪50年代，日本生产的各种商品急需摆脱劣质的国际恶名，多次请美国的企业管理大师开药方。美国著名的质量管理大师戴明博士就多次到日本松下、索尼、本田等企业考察传经，他开出的方子非常简单——“每天进步一点点”。日本的这些企业按照这个要求去做，果然不久就取得了质量的长足进步，使当时的“东洋货”很快独步天下。现在日本先进企业评比，最高荣誉奖仍是“戴明博士奖”。如果你期冀成才，渴望成功，用心体味戴明博士的方法肯定会受益终生。

每天进步一点点，听起来好像没有冲天的气魄，没有诱人的硕果，没有轰动的声势，可细细地琢磨一下：每天，进步，一点点，那简直又是在默默地创造一个料想不到的奇迹，在不动声色中酝酿一个真实感人的神话。

法国的一个童话故事中有一道小智力题：荷塘里有一片荷叶，它每天会增长一倍。假使30天会长满整个荷塘，请问第28天，荷塘里有多少荷叶？答案要从后往前推，即有四分之一荷塘的荷叶。这时，假使你站在荷塘的对岸，你会发现荷叶是那样的少，似乎只有那么一点点，但是，第29天就会占满一半，第30天就会长满整个荷塘。

正像荷叶长满荷塘的整个过程，荷叶每天变化的速度都是一样的，可是前面花了漫长的28天，我们能看到的荷叶都只有那一个小小的角落。在追求成功的过程中，即使我们每天都在进步，然而，前面那漫长的“28天”因无法让人“享受”到结果，常常令人难以忍受。人们常常只对“第29天”的曙光与“第30天”的结果感兴趣，却忽略了“28天”细微的进步、努力与坚持。

聚沙成塔，集腋成裘。大厦是由一砖一瓦堆砌而成的，比赛是由一分一分的赢得的。每一个重大的成就，都是由一系列小成绩累积而成。如果我们留心那些貌似一鸣惊人者的人生，就会发现他们“惊人”并非一时的神来之笔，而是缘于事先长时间的、一点一滴的努力与进步。成功是能量聚积到临界程度后自然爆发的成果，绝非一朝一夕之功。一个人眼界的拓展，学识的提高，能力的长进，良好习惯的形成，工作成绩的取得，都是一个持续努力、逐步积累的过程，是“每天进步一点点”的总和。

每天进步一点点，贵在每天，难在坚持。“逆水行舟用力撑，一篙松劲退千寻”。要“每天进步一点点”，就要耐得住寂寞，不因收获不大而心浮气躁，不为目标尚远而猜疑动摇，而应具有持之以恒的韧劲；就要顶得住压力，不因面临障碍而畏惧退缩，不为遇到挫折而垂头丧气，而应具有攻坚克难的勇气；还要抗得住干扰，不因灯红酒绿而分心走神，不为冷嘲热讽而犹豫停顿，而应有专心致志的定力。

洛杉矶湖人队的前教练派特·雷利在湖人队最低潮时，告诉12名球队的队员说：“今年我们只要求每人比去年进步1%就好，有没有问题？”球员一听：“才1%，太容易了！”于是，在罚球、抢篮板、助攻、拦截、防守一共五方面每个人都有所进步，结果那一年湖人队居然得了冠军，而且是最容易的一年。

不积跬步，无以至千里。让自己每天进步 1%，只要你每天进步 1%，你就不必担心自己不快速成长。

在每晚临睡前，不妨自我反思一下：今天我学到了什么？我有什么做错的事？有什么做对的事？假如明天要得到理想中的结果，有哪些错绝对不能再犯？

反思完这些问题，你就会比昨天进步 1%。无止境的进步，就是你人生不断卓越的基础。

你在人生中的各方面也应该照这个方法做，持续不断地每天进步 1%，长期下来，你一定会有一个高品质的人生。

不用一次大幅度地进步，一点点就够了。不要小看这一点点，每天小小的改变积累下来会有大大的不同。而很多人在一生当中，连这一点进步都不一定做得到。人生的差别就在这一点点之间，如果你每天比别人差一点点，几年下来，就会差一大截。

如果你将这个信念用于自我成长上，100%的会有 180 度的大转变，除非你不去做。

饭要一口一口吃，事要一件一件做

许多有抱负的人大多忽略了积少成多的道理，一心只想一鸣惊人，而不去做埋头耕耘的工作。等到忽然有一天，他看见比自己开始晚的，比自己天资差的，都已经有了可观的收获，他才惊觉在自己这片园地上还是一无所有。这时他才明白，不是上天没有给他理想或志愿，而是他一心只等待丰收，可是忘了辛勤耕耘。

饭要一口一口吃，事要一件一件做。“九层之台，起于垒土。”一砖一木垒起来的楼房才有基础，一步一个脚印才能走出一条成形的道路。

在1984年5月10日香港报业工会举办的“1983年最佳记者”比赛中，香港《快报》记者曹慧燕夺得了三项“最佳记者”的金牌。曹慧燕为什么能在这个对她来说还很陌生的环境中取得成就呢？除了刻苦顽强的努力外，主要是她善于从小块文章写起。她在香港白天上班，晚上自修英语，并利用业余间写些杂感式的小文章，试着向报纸投稿。第一篇小文章在香港《明报》“家谈”专栏上刊出后，她受到很大鼓舞。于是更专注于这种“小成果”的努力。后来她进入《中报》，从事香港报馆中地位最低、工资也很少的校对工作。校对的同时，《中报》为她和她的一位同事开辟了一个名为《大城小景》的栏目，让他们每天撰写一篇短文。正是每天800字的专栏稿，磨炼了她的写作能力，活跃了她的思想，为她以后的成功奠定了坚实的基础。

如果将一个人的追求目标比作一座高楼大厦的顶楼，那么一级一级的阶段性目标就是层层阶梯。这个比喻看来太浅显了，但不少人却忽视了这一循序渐进的“阶梯原则”。高尔基在同青年作家的谈话中说：“开头就写大部的长篇小说，是一个非常笨拙的办法。学习写作应该从短篇小说入手，西欧和我国所有最杰出的作家几乎都是这样做的。因为短篇小说用字精炼，材料容易安排、情节清楚、主题明确。

我曾劝一位有才能的文学家暂时不要写长篇，先学写短篇再说，他却回答说：‘不，短篇小说这个形式太困难。’这等于说：制造大炮比制造手枪更简便些。”

高尔基讲的就是循序渐进、一步一个脚印的道理。建造一幢大楼，要从一砖一瓦开始；“绳锯木断、水滴石穿”就在于点点滴滴的积累。阶段性目标虽然慢，却始终向上攀登，而每个小目标的胜利总给人鼓舞，使人获得锻炼、增长才干。

积沙成塔，集腋成裘。点点星光若连成一片，照样是一个灿烂的星空！

让自己每天靠近梦想一点点，只要你每天靠近梦想一点点，你就不必担心自己不快速成长。不用一次大幅度地进步，一点点就够了。不要小看这一点点，每天小小的改变积累下来会有大大的不同。而很多人在一生当中，连这一点进步都不一定做得到。人生的差别就在这一点点之间，如果你每天比别人差一点点，几年下来，就会差一大截。

成功就是超乎常人的恒心与毅力

成功的人有些什么共同的条件？有恒心！大多数成功者只有平常的智慧和能力，可是他们在完成一项工作时，在遭受重大困难时，在工作极其繁重时，却有超乎常人的耐心和毅力。

当年宋美龄在称赞张学良将军时曾说道："有超乎常人的毅力，必有超乎常人的抱负。"恒心、毅力都是相对于人生旅途上的坎坷和挫折而言的。

任何人在向理想目标挺进的过程中，都难免会遇到各种阻力和重重困难，在这种情况下持之以恒的精神则是最难能可贵的。

所谓"持之以恒"，是做自己命运主宰时，不朝秦暮楚，不被眼前的困难吓倒，不半途而废，不浅尝辄止，不功亏一篑。持之以恒是一种毅力，一种精神。

世界上没有任何东西能够代替恒心，才干不能，有才干的失败者多如过江之鲫；天才不能，"天才无报偿"已成为一句俗话；教育不能，被遗弃的教养之士到处充斥着。唯有恒心才能征服一切。

运动场上往往有这种场面：一个长跑运动员在距离终点线几米的地方跌倒了，爬起来，踉跄几步，他就是冠军；一旦泄气，伏地不动，他连最起码的资格都丧失了。

许多的成功者，只不过是比别人多坚持了一点而已。

人生其实就是一次漫长的坚持再坚持的过程，如果你在人生中失去了坚持的耐心，一路上不断放弃，最终只会一无所获。

人生最大的失败，莫过于放弃，成功者之所以寥若晨星，是因为大多数人选择了放弃。据有关学者调查表明：48%的人在第一次失败时，就一蹶不振了；25%的人面对第二次失败就像泄了气的皮球；15%的人在第三次失败面前选择了放弃；只有2%的人能够不气馁，一直坚持到成功。

众多的成功人士，正是由于有了坚持，才成为与众不同的人，才有了与我们一样的天地和活法。

有一个年轻人从小父母离异，是母亲一个人含辛茹苦地养大了他。家境贫寒也掩盖不住年轻人的光芒，小学时，他就对音乐情有独钟，表现出了惊人的天赋：望子成龙的母亲更是省吃俭用，凑钱为他买了家中唯一的奢侈品：一架钢琴。高中毕业后，年轻人没有考上大学，只能到餐馆当服务生。

后来，一个偶然的机会，年轻人被台湾乐坛老大吴宗宪“相中”，顺利进入吴宗宪的公司做音乐制片助理。这期间，他不停地写歌，结果都被吴宗宪搁置一旁，有的甚至还当着他的面扔进了纸篓。

但年轻人没有泄气，他把这一切都当成是对自己的磨炼。终于，吴宗宪被他的努力感动了，打算找歌手专门演唱他的歌曲。但是许多知名歌手都不愿意，因为他写的歌太稀奇、太古怪，歌手们担心会有碍自己的发展，年轻人只得一如既往、默默地坚持着自己的创作。

这一次，吴宗宪鉴于年轻人的坚定和执着，又给了他一个绝好的机会：10天，写50首歌，然后挑选10首，由他自己唱，出自己的专辑。听了吴宗宪的话后，年轻人废寝忘食，绞尽脑汁拼命写歌，对于专辑也精益求精。终于，他的第一张专辑问世，立即轰动歌坛，紧接着第二张专辑《范特西》又风靡流行华语音乐界。

他，就是周杰伦，是当前最受欢迎的男歌手之一。

坚持，是恒心，是毅力。通往成功的道路充满了荆棘和坎坷，坚持是你披荆斩棘的工具，是你跨越坎坷的帮助，“不积跬步，无以至千里”，不要失去信心，只要坚持不懈，终会有结果的。

在我们刚上学的时候，教师就告诉我们：坚持就是胜利。并且用很多的例子教诲我们。其中一个最显著的例子就是一个挖井人，他一连挖了几口井，都不能坚持到最后，挖到一半便放弃了，他说：这里并没有水。其实水就在下面，挖井人只是没有持之以恒的决心罢了。

生命犹如一场马拉松竞赛，最大的敌人不是别人，而是你自己，你在向事业迈进的旅程中，唯有靠坚定不移的恒心，持续不断的毅力，才能成为一个真正的成功者。

如果通往成功的电梯出了故障，请你走楼梯，一步一步上。只要还有楼梯，或是任何梯子，通往你想去的地方，电梯有没有故障都是无关紧要的事了，重要的是你不断地一步一步往上爬。

假使你在途中遇上了麻烦或阻碍，你应该去面对它、解决它，然后再继续前进，这样问题才不会越积越多。同时当你解决了一个问题，其他问题有时也自动消失了。时间能消除许多问题，你只有坚持到底，一个一个来，不要操之过急，只要不放弃。很快地，你就会发现自己有了很大的转变，干劲增强了，自信心也提高了，你会感到一种前所未有的快活。

你在前进的时候，一步步向上爬时，千万别对自己说“不”，因为“不”也许导致你决心的动摇，放弃你的目标，从而走下楼梯，前功尽弃。

宋朝诗人杨万里有诗曰："莫言下岭便无难，赚得行人错喜欢。正入万山圈子里，一山放出一山拦。"人在奋斗的过程中，由于条件有限，必然困难重重，也会有种种干扰。这些困难、干扰就像一座座山横亘在我们前进的道路上。是望山止步，还是翻山而行？十九世纪英国作家福楼拜说得好："顽强的毅力可以征服世界上任何一座高峰。"

屡败屡战，才能找到属于自己的一席之地

一个叫冯云的女孩，是湖北大学电子专业本科毕业生，10 月做求职准备。11 月毕业生供需见面会。现场求职者如潮水，费了九牛二虎之力塞进 8 份简历，结果石沉大海，招聘会上成功是渺茫的。她开始注意从报纸上寻找就业信息。她不再盲目地到处寄简历，而是在得到信息后，电话或登门求职。4 个多月，数十次电话或登门求职都以失败告终，因为她是女生和应届毕业生。当她得知一家汽车销售公司招聘文职人员，立刻给公司发去一份电子简历。几个月来第一次得到面试机会，要求进行电脑打字，打字速度每分钟不能低于八十个字。她一分钟只打了四十几个字，被淘汰了。第一次面试失败。从那以后，她每天拿出一小时时间练习打字，不到一个月就达到标准了。

她先后参加了 4 次面试，都以失败告终。参加一家电子公司的面试。面试之前先进行笔试，她榜上有名。接下来的面试，她至今想起来都脸红。主考官问："你有工作经验吗?""没有。""到生产线上实习过吗?""没有。"主考官又拿出一张电子线路图，让她指出"分别代表什么电阻?"她根本就看不懂。她满脸羞愧。面试失败让她若有所思："如果让我再回到校园，我一定会到生产线上去实习，用人单位最看重的还是动手能力。"

6 月中旬，工作仍没找到。一次次失败，女孩反而理智和冷静下

来。一边密切关注人才市场需求信息，一边潜心复习专业弥补不足。她知道，机会只会青睐真正有准备、有实力的人。机会终于来了。一家电子公司在某高校举办招聘会，她送上简历。笔试要求 10 分钟内做完 100 道题，她 7 分钟做完了。然后是面试。面试官微笑着问："你认为公司客户服务部与客户应该是什么关系？""应该是朋友关系。据市场调查专家分析，一个客户身边有 240 个潜在客户……"

这一次，她顺利地通过了面试。7 月 2 日，她走进了这家公司。

这个故事很感人，冯云硬是凭着不屈不挠的精神，屡败屡战，在竞争异常激烈的就业环境中找到了自己的位置，并从失败中获取了一生都用之不尽的财富。

"坚持就是胜利"，这话我们常常挂在嘴边。但是真的有人会坚持 61 次失败吗？这个问题很难回答，但冯云坚持了。她这种持之以恒的精神不仅为她赢得了一份好工作，更成为她用之不尽的人生财富。

无论一个人有多聪明，如果没有坚持，他就不会在一个群体中脱颖而出，他就不会取得成功。坚持前行的人从不会停下来想想他到底能不能成功。他唯一要考虑的问题就是如何前进，如何走得更远，如何接近目标。无论途中有高山、有河流还是有沼泽，他都会去攀登、去穿越。而所有其他方面的考虑，都是为了实现这个终极目标。对于一个不畏艰难、一往无前、勇于承担责任的人，人们知道反对他、打击他都是徒劳的。

拥有坚韧不拔的斗志，才能越挫越勇

有一部著名的美国电影叫《肖申克的救赎》，电影讲述的是年轻的银行家安迪因被判决谋杀自己的妻子，被送往美国的肖申克监狱终身监禁。遭受冤枉的安迪外表看似懦弱，但内心坚定，从进监狱的那天开始就决定一定要离开这里。他在监狱里遇见了因失手杀人被判终身监禁的摩根·费曼，两人很快成为好友。肖申克监狱当时是美国最黑暗的监狱，典狱长利用罪犯做苦役，为自己捞了不少好处。狱警对囚犯乱施刑罚，甚至将囚犯活活打死。

面对如此险恶的环境，安迪没有自甘堕落，他办监狱图书室，为囚犯播放美妙的音乐，还利用自己的知识帮助大家打点自己的财务。典狱长很快发现了安迪的特长，让他帮助自己洗黑钱做假账。在暗无天日的牢笼中，安迪从未放弃过对自由、对美好生活的追求，他每天用一把小鹤嘴锄挖洞，然后用海报将洞口遮住。用了 20 年的时间，安迪才完成了地洞的开凿，成功地逃出监狱并最终把典狱长绳之以法。

安迪在莫大的误解、冤枉、恶劣的生存环境之下，竟然能够一直朝自己的目标在努力，让人看了之后非常震撼，如果一个人能用这样的毅力和忍耐力做一件事，想不成功也难啊。

坚韧不拔的斗志是所有伟大成功者的共同特征。他们也许在其他方面有缺陷和弱点，但是坚韧不拔的斗志是每一个成功者身上不可或缺的。无论他处境怎样，无论他怎样失望，任何苦难都不会使他厌烦，任何困难都打不倒他，任何不幸和悲伤都摧毁不了他。过人的才华和禀赋都不如坚持不懈的努力更有助于造就一个伟人。在生活中最终取得胜利的是那些坚持到底的人，而不是那些自认为自己是天才的人。

杰出的鸟类学家奥杜邦在森林中刻苦工作了许多年。一次，在他度假回来时，发现自己精心创作的200多幅极具科学价值的鸟类绘画都被老鼠糟蹋了。回忆起这段经历，他说："强烈的悲伤几乎穿透我的整个大脑，我接连几个星期都在发烧。"但过了一段时间后，他的身体和精神都得到了一定的恢复：他又重新拿起背包和笔，走向森林深处。

无论一个人有多聪明，如果没有坚韧不拔的品质，他就不会在一个群体中脱颖而出，他就不会取得成功。许多人本可以成为杰出的音乐家、艺术家、教师、律师或医生，但就是因为缺乏这种杰出的品质，最终一事无成。

坚韧不拔的斗志是一种力量，一种魅力，它使别人更加信赖你，每个人都信任那些有魄力的人。实际上，当他决心做这件事情时已经成功一半了，因为人们都相信他会实现自己的目标。对于一个不畏艰难、一往无前、勇于承担责任的人，人们知道反对他、打击他都是徒劳的。

坚韧的人从不会停下来想想他到底能不能成功。他唯一要考虑的问题就是如何前进，如何走得更远，如何接近目标。无论途中有高山、有河流还是有沼泽，他都会去攀登、去穿越。而所有其他方面的考虑，都是为了实现这个终极目标。

要做人生的强者，首先要做精神上的强者，做一个坚韧不拔、威武不屈的人。世间不存在人无法克服的艰难和困苦。在你面临绝境无法摆脱时，在你气喘吁吁甚至精疲力竭时，你只要再坚持一下，奋力拼搏一下，你就会战胜困难。

有许多伟人也会出现这样的错误，在他们即将抵达成功时，他们却因失败而放弃了。德国科学家席勒在研究 X 射线即将看到曙光时，失去信心，罢手却步，遂将成功的喜悦奉送给了伦琴。

歌德曾这样描述坚持的意义：“不苟且地坚持下去，严厉地驱策自己继续下去，就是我们之中最微小的人这样去做，也一定会达到目标。因为坚忍不拔是一种无声的力量，这种力量会随着时间而增长，是任何挫折和失败都无法阻挡的。”

第七章

抓住机遇，人生随时有可能逆转

漫漫的人生旅途中，每个人都会遇到很多机遇，但机遇往往“可遇不可求”，遇到容易，抓住难。机遇属于每一个人，但你若不能及时抓住它，它就会转瞬即逝，落在别人的手中。抓住机遇是一种能力，它能帮助你在苦苦跋涉中得到一次飞跃，让你看到成功的希望。

机会来临时，你抓住了吗

在一个人的职业生涯中，机会很重要。有时候，一个小小的机会就可以改变你今后的发展前途。生活中有很多人抱怨自己才华出众，但苦苦遇不到机会，交不到好运。其实，很多时候，生活中并不是没有出现机会，而是当机会出现时，你却与之擦肩而过了。

有这样一个古老的故事：

一位虔诚的信徒在遇到水灾后，便爬到屋顶上避难。但是，洪水渐渐上涨，眼看就要淹到脚下了，信徒急忙祷告道："大慈大悲的佛祖快来救我啊！"不久就来了一条独木舟，船上的人要救信徒，他却说："我不要你来救，佛祖会来救我的。"于是那人驾着独木舟走了。可大水还在继续上涨，很快到了他的腰部。信徒十分着急，立即又向佛祖发出祈求。这时，又来了一艘小船，船上的人要救信徒到安全地带，他又拒绝了，并且说道："我不喜欢这艘船，佛祖会来救我的。"那条小船只好抛下信徒开远了。没一会儿，水已经涨到了胸部，信徒继续大声地向佛祖祷告着。可是，随着洪水的上涨，信徒已经奄奄一息了。

就在此时，一位禅师驾船赶来救起了他。得救的信徒向禅师抱怨说："我对佛是如此虔诚，但是佛祖在我遇难之时却不来救我。"禅师深深地叹了口气，说道："你真是冤枉了佛。佛曾经几次化作船来救你，你却嫌这嫌那，一次次地拒绝了。看来你与佛无缘了。"

有时候机会就在你的身边，可你却不懂把握。对于职业女性来说，要想在职场上有所发展，把握机遇是非常重要的。然而，有句话说，机遇是准备给那些做好了准备的人。如果你自身的素质不够，就是有好的机会摆在你的面前，你也只能看着它从你身边溜走。因此，在我们抱怨生活中没有机会时，不妨先做好准备，不断地提高自己。等机会来临的时候，你就能轻轻松松地抓住它了。

被称作“偶像剧教母”的著名台湾制作人柴智屏就是一个善于把握机会的人。只因为她把握住了一次小小的机会，才有了今天的成就。

身为家里的独生女，柴智屏一直把电视当成她从小到大最好的朋友，后来上大学，就理所当然地选择了戏剧传播系。大学初毕业，由于很难找到相关工作，她只好四处找工作做，只要有人给她钱，哪怕是几百字的解说词，她也去干，之后又替人当枪手写电视剧本，写电影，别人赚大把大把的钱，而她只能拿少得可怜的糊口钱。一次，她在报纸上看到招聘戏剧编剧的小广告，她去面试，却发现原来是写三级片，而且那个公司也就老板和她自己。考虑再三，她还是选择了做这份工，作为接触这个行业的起点，然后耐心等待适当的时机。

后来，一个偶然的机会，她应聘到电视台一个节目组当了编剧。半年后，在一次制作节目时，制片人不知问什么突然大发雷霆，离开了摄影棚。几十个工作人员全愣在那儿不知怎么办，主持人看了看四周，对她说：“下面的我们自己录吧。”

机会只有 3 秒。3 秒钟之后，她拿起制作人丢下的耳机和麦克风，她很好地把握了这次机会，并且做得非常出色。慢慢地，她开始做制片人。在由编剧到制片的转换过程中，她没有费多大的心力，按照她的说法就是："我觉得观察很重要，在一个工作环境中，一定要观察别人在做什么，然后要吸收、模仿。"几年后，她成了三度获得金钟奖的王牌制作人，接着一手制作了红得一塌糊涂的电视剧《流星花园》，被称为台湾偶像剧之母。回首往事，柴智屏爽直地说："机会只有 3 秒，就是在别人丢下耳机和麦克风的时候，你能捡起它。"

这是个充满了奇迹的世界。如果你在机会来临时，抓住了它，那么你就拥有了创造奇迹的可能。一个聪明的人，总是在不经意间成功上位，他的是智慧，也是机遇。

万分之一的可能也要努力完成

“捡漏”是一个收藏界的专门用语，指的是慧眼识宝，以像捡来一样的低价从不识货的卖家手里买进了“大开门”的收藏品。也就是说，捡到了别人漏掉的宝贝。

马未都是一个著名收藏家，拥有中国第一家私人博物馆——观复古典艺术博物馆，最近又是上“百家讲坛”，又是出书，火得很。如果你留心马未都在“百家讲坛”说到“捡漏”二字时，就会发现他总是眉开眼笑。很多人认为，普通工人出身的马未都，当今难以估量的身价基本上是捡漏“捡”来的。马未都的第一次大捡漏，是20多年前花1600元捡回了一件四扇屏。这1600元钱，他本来是想拿来买彩电的，他放弃了彩电。买回四扇屏后没多少时间，类似的四扇屏在香港卖到了十几万，再稍后，有人出资一百万向马未都求购。而这只是马未都众多捡漏中的一个而已。当然，他也因为捡漏而上过当，但其损失相较他捡进来的收益简直是九牛一毛。

人生中的机会，有时候如同一个“漏”，别人没有发现，你发现了，要学会不动声色地立马抓住。

约翰·甘布士是美国一个地区的百货业巨子，他是个敢于冒险抓住机会的人。当别人问及他成功的经验时，他简直没有把他的成功当一回事。因为，在他眼中，只要抓住了机会，成功就会是件很简单的事情。

有一次，约翰·甘布士要乘火车去纽约，但是事先没有买到火车票。因为那时候刚刚是圣诞前夕，去纽约度假的人很多，所以火车票很不容易买到。但是，车站经理却说：假如不怕麻烦的话，可以带着行李去车站碰碰运气，看看是不是会有人临时退票。

车站经理还反复强调了一句话：这种机会或者只有万分之一。

甘布士听完后，果断地做出决定：按原计划出行，就像买到了火车票一样！他夫人很关心地问：要是你到了车站但是买不到车票怎么办呢？他不以为然地答道：那没有关系，我就当拿着行李去散步！

甘布士到了车站，等了很久，还是没有退票的人出现。乘客们都急匆匆地奔向火车……

然而他并没有急欲往回走，而是耐心地等待着。大约距开车还有5分钟的时候，一位女乘客匆匆来退票，因为她女儿得了很严重的病，她被迫改坐以后的车次。

于是，甘布士买下了那张票，搭上了去纽约的车。到了纽约后，他打电话给他太太时说：亲爱的，我抓住了万分之一的机会，因为我相信一个不怕吃亏的笨蛋才是个真正的聪明人！

甘布士后来成了一个举足轻重的商业巨子，他在一封给青年人的公开信中诚恳地说：

“亲爱的朋友，我认为你们应该重视那万分之一的机会，因为它能给你带来意想不到的成功。有人说，这种做法是智力障碍者的行径，比买奖券的希望还渺茫。这种观点是有失偏颇的，因为开奖者是由别人主持，丝毫不会考虑你的主观努力；但这种万分之一的机会，却完全是靠你自己的主观努力去完成。”

微小机会也许是你崭露头角的机会

机遇与我们的一生休戚相关，她像一个美丽而性情古怪的天使，忽然降临在你身边，你无须受宠若惊，但一定要慎重对待，假如稍不留意，她就翩然而去，无论你怎么扼腕叹息，再也无法挽回。正如那句古老的谚语：通往失败的路上，处处是错失了的机会。做好准备迎接幸运从前门进来的时候，别忽略了从后窗潜入的机会。

安东尼奥·卡诺瓦是世界上杰出的雕塑家，新古典主义雕刻的代表人物。卡诺瓦的传世名作包括陈列在梵蒂冈的“柏修斯提着墨杜莎的头”“丘比特与普赛克”，在彼得堡的“美惠三女神”。

安东尼奥·卡诺瓦是意大利人，于1757年出生在波萨尼奥的一个贫困家庭。英国纪实小说家乔治·埃格尔斯顿曾讲述这样一个故事：一天，在西格诺·法列罗的府邸正要举行一个盛大的宴会，主人邀请了一大批客人。就在宴会开始前夕，负责餐桌布置的点心制作人员说，桌子上的那件大型甜点饰品不小心被弄坏了，管家急得团团转。

正在这时，一个小孩子走上前来，对管家说：“如果您能让我来试一试的话，我想我能解决这个问题。”这个小孩是西格诺府邸厨房里一个干粗活的仆人的帮工。“你？”管家很惊讶，“你是什么人，竟敢这样说话？”“我叫安东尼奥·卡诺瓦，是雕塑家皮萨诺的孙子。”这个充满自信的孩子回答道。

“小家伙，你真的能做吗?”管家半信半疑地问道。“是的，我可以造一件东西摆放在餐桌中央，如果您允许我试一试的话。”小孩子开始显得镇定一些了。这时，仆人们都已经慌得手足无措了。管家只得死马当成活马医，答应让卡诺瓦去试一试，他则在一旁紧紧地盯着这个孩子，注视着他的一举一动，生怕他把事情弄得更糟。这个厨房的小帮工不慌不忙地端来了一盘黄油。不一会儿工夫，不起眼的奶油在他的手中变成了一只蹲着的巨狮。管家喜出望外，惊讶地张大了嘴巴，连忙派人把这个奶油塑成的狮子摆到了桌子上。

晚宴开始了。客人们陆陆续续地被引到餐厅里来。这些客人当中，有威尼斯最著名的实业家，有高贵的王子，有傲慢的王公贵族，还有眼光挑剔的艺术家。但当客人们一眼望见餐桌上卧着的奶油狮子时，都不禁异口同声地称赞起来，一致认为这真是一件天才的作品。他们在狮子面前不忍离去，甚至忘了自己来此的真正目的。结果，整个宴会变成了对奶油狮子的鉴赏会。客人们情不自禁地细细欣赏着狮子，不断地问西格诺·法列罗，究竟是哪一位伟大的雕塑家竟然肯将自己天才的艺术浪费在这样一种很快就会融化的东西上。法列罗也愣住了，他当即喊管家过来问话，于是管家就把小卡诺瓦带到了客人们的面前。

当这些尊贵的客人们得知，这个精美绝伦的奶油狮子竟然是这个地位低微的小孩在仓促间完成的，不禁大为惊讶，整个宴会立刻变成了对这个小孩的赞美会。富有的主人当即宣布，将由他出资给小孩请最好的老师，让他的雕塑天赋充分地发挥出来。

西格诺·法列罗果然没有食言，卡诺瓦也没有被眼前的宠幸冲昏头脑，他依旧是一个淳朴、热切而又诚实的孩子，孜孜不倦地刻苦努力着，他希望自己真的成为一名优秀的雕塑家。也许很多人并不知道卡诺瓦成材路上这个至关重要的小插曲，但很少有人不知道雕塑家卡诺瓦的大名。

在卡诺瓦的成材之路上，如果没有西格诺·法列罗的鼎立资助，他能否成为杰出的雕塑家还真的要打个问号。好在卡诺瓦在无意中抓住了一个机会，展示了自己的才能，刚好一头碰上了一个爱才如命的主人，于是后来的一切变得那么美好。

珍惜身边的微小机会，或许，这个机会就是你崭露头角的机会。

做足准备，机遇来临才不会措手不及

在我国历史上，历来是重农轻商、重仕轻商的。一个商人，做得再出色，也没有多高的地位。吕不韦出生于战国末年的一个富商之家，但他不满足于自己做商人，想做居庙堂之高的大官。

怎么去实现这个愿望呢？吕不韦看准了秦国入赵为人质的公子异人。认为这个落难的王子身上有一个巨大的机会。他自己若能帮助异人成为秦王，那么自己将来就可以凭借功臣的身份分享成功。

作为商人世家的子弟，吕不韦的眼光可谓超凡脱俗。他发现了一个大馅饼不假，但要吃下去还得有一番“料理”，弄不好，这个馅饼能变成一个陷阱，把自己吃得骨头都不剩。但吕不韦这个人很有才华与胆量，他并不畏惧这些。

根据《战国策》中之相关记载，吕不韦先是找到落难中的异人，对他说：“公子傒有继承王位的资格，其母又在宫中。如今公子您既没有重臣在宫内照应，自身又处于祸福难测的故国，一旦秦赵开战，公子您的性命将难以保全。如果公子听信于我，我倒有办法让您回国，且能继承王位。我先替公子到秦国跑一趟，必定接您回国。”异人听后，如行将溺水而亡的人看见有人伸出了手，自然是高兴万分。这是第一步。

取得异人的配合后，吕不韦开始“下一盘很大的棋”。他到处必须说服秦国方接收异人。怎么实现这一目标呢？吕不韦想到了王后华阳夫人的弟弟阳泉君。他找到阳泉君说："阁下可知？阁下罪已至死！您门下的宾客无不位高势尊，相反太子门下无一显贵。而且阁下府中珍宝、骏马、佳丽多不可数，老实说，这可不是什么好事。如今大王年事已高，一旦驾崩，太子执政，阁下则危如累卵，生死在旦夕之间。小人倒有条权宜之计，可令阁下富贵万年且稳如泰山，绝无后顾之忧。"阳泉君赶忙让座施礼，恭敬地表示请教。吕不韦献策说："大王年事已高，华阳夫人却无子嗣，有资格继承王位的子傒继位后一定重用秦臣士仓，到那时王后的门庭必定长满蒿草，萧条冷落。现在在赵国为质的公子异人才德兼备，可惜没有母亲在宫中庇护，每每翘首西望家邦，极想回到秦国来。王后倘若能立异人为太子，这样一来，不是储君的异人也能继位为王，他肯定会感念华阳夫人的恩德，而无子的华阳夫人也因此有了日后的依靠。"阳泉君说："对，有道理！"便进宫如此这般转述华阳夫人。华阳夫人听了，哎呀，这事很要紧！于是赶紧找到秦孝王，要求其向赵国讨要公子异人。这是第二步。

有了异人的配合，又有了接收方，吕不韦的第三步是怂恿赵国放异人回秦国。赵国当然不肯轻易将人质归还，于是吕不韦就去游说赵王："公子异人是秦王宠爱的儿郎，只是失去了母亲照顾，现在华阳王后想让他做儿子。大王试想，假如秦国真的要攻打赵国，也不会因为一个王子的缘故而耽误灭赵大计，赵国不是空有人质了吗？但如果让其回国继位为王，赵国以厚礼好生相送，公子是不会忘记大王的恩义的，这是以礼相交的做法。如今孝文王已经老迈，一旦驾崩，赵国虽仍有异人为质，也没有资格与秦国亲近了。"赵王想想，吕不韦的话句句在理，就将异人送回了秦国。

公子异人回国后，吕不韦的组合拳又开始上演。我们都知道，自古以来，宫廷争斗复杂而又凶险，异人要从昔日落魄的人质变成显贵的太子，还得经过一些周折。吕不韦打的仍是华阳夫人的主意。他帮异人想了很多取悦华阳夫人的方法。有一次，他让异人身着楚服晋见华阳夫人。华阳夫人原是楚国人，对异人的打扮十分高兴，当即把公子异人认作儿子，并替他更名为“楚”。帮助异人稳稳地傍上华阳夫人这棵大树，是吕不韦的第四步。

有了华阳夫人这个干妈，异人出入宫中就很自由了。他因此而有了更多的与秦孝王接触的机会。一次，异人趁秦孝王空闲时，进言道：“陛下也曾羁留赵国，赵国豪杰之士知道陛下大名的不在少数。如今陛下返秦为君，他们都惦念着您，可是陛下却连一个使臣未曾遣派去抚慰他们。孩儿担心他们会心生怨恨之心。希望大王将边境城门迟开而早闭，防患于未然。”秦孝王觉得他说话极有道理，为他的见识感到惊讶。华阳夫人乘机吹吹枕头风，经常为异人美言，并劝秦王立之为太子。终于，秦王召来丞相，下诏说：“寡人的儿子数子楚最能干。”宣布立异人为太子。这是第五步。

公子楚做了秦王以后，任吕不韦为相，封他为文信侯，将蓝田十二县作为他的食邑。而王后称华阳太后，诸侯们闻讯都向太后奉送了养邑。直到这时，吕不韦的这桩大买卖才宣告一个段落。

综观吕不韦导演的这场惊天大戏，我们会发现他具备非常高明的执行力。看到一个机会在眼前，靠招招相接、环环相扣的过硬“功夫”，一步一步地将机会的种子培育成成熟的果实。

我们常常说要抓住机会，但机会有时候不完全是你没有发觉或没有胆量去抓，而是没有足够的能耐去抓。

没有机会，就创造机会

愚者错过机会，弱者等待机会，智者把握机会，强者创造机会。

汉武帝曾下很大决心，要花很大力量抗击匈奴的侵扰，他要求臣下都要为抗击匈奴尽力，要他们挺身而出、杀敌立功。为此，他大力奖赏了作战有功的卫青、霍去病等人，对临阵怯逃、失节或战败的王恢、狄山、李陵、苏建等，予以严厉的处置。

公元前119年，汉武帝决定命卫青、霍去病率50万大军从山西定襄出发打击匈奴。为了鼓舞士气，汉武帝亲自到郎署，那里的数百文官武将一齐跪倒："愿吾皇万岁、万万岁！"

汉武帝看他们个个精神抖擞，说："你们都愿意随军出征、冒死杀敌吗？""为陛下效力，肝脑涂地，在所不辞！"数百名文武官员一齐喊道。

汉武帝高兴地点点头，心想部下的士气是多么高啊！可是，就在这时，忽然听见从一个角落里传来了一声低弱的、但十分清楚的老者声音："小臣年迈，不愿出征！"

汉武帝一愣，左右更是大吃一惊，在这样的气氛下说不肯上阵，这是要处罪的啊！

汉武帝问："你是干什么的，叫什么名字？"

那老者白发苍苍，行动蹒跚，走过来向汉武帝叩头："小臣颜驷，年已61岁，江都人氏，从文帝时代就在下署为官了。"

汉武帝迟疑了一下，问道："卿年逾花甲，为官几十年，为什么得不到提拔、升迁呢？"

老颜驷说："陛下容禀，恕臣直言，小臣历来想忠贞报国，何尝不希望建立功名。臣已历经三代了，但都不逢时。文帝好文而臣好武，景帝好老而臣年轻，陛下您呢，喜欢提拔、重用少壮之人。可是，臣已经老了，所以三世都不得重用，不是我不图长进，大概是命该如此罢了！"

汉武帝听了颜驷的陈述颇有感触，叹了口气，同情地说："光阴如水，转眼百年，一个人一生能有多少时光，有贤才不知，知而不重用，以至使你大半生为郎，这都是作人主的疏忽啊！"接着，武帝又说："颜驷白发皓首，辛劳多年，他不愿随军出征，恕他无罪。"他又转脸对颜驷说："你这样大年纪，怀志不遇，我命你为会稽都尉，赶快准备赴任吧！"

颜驷年过花甲仍碌碌无为，全因缺少一个施展自己的舞台。值得庆幸的是，他终于在垂暮之年主动为自己创造了一个建功立业的机会。

其实，有没有机会，关键在于个人的主观态度。机会不可能无缘无故地从天而降，机会也不可能像路标一样，就在前面静静地等着我们。机会具有隐蔽性，是隐藏着的；机会具有潜在性，等待着开发；机会具有选择性，只垂青那些在追求中、捕捉中的人。

这里有一点十分关键：是被动、消极地等待机会，还是主动地去争取机会？等待机会不像等待班车，到点儿车就来，而是要看等待机会的状况如何。是不是碰上了机会，是不是捉住了机会，是不是错失了机会，是不是再也没有了机会，这些都是一种现象。而主要的问题就在于我们是否真的在认真地准备着、在刻意地追求着。

有许多人看起来好像没有机会、没有前途，但是偏偏就有一天发生了转折，他们便获得了机会。其实，许多成功者都曾有过这样一种经历和体验。

拿破仑虽然是出身于科西嘉的贵族，但只是徒有其名而已，家境实在是贫困不堪。在少年时代，拿破仑的父亲把他送进了一个贵族学校，以便接受更好的教育。在这所贵族学校，到处游晃的公子哥儿，他们喜欢攀比与夸耀谁富有，瞧不起那些穷苦的同学。这种对弱势之人的鄙视与讥讽，虽然引起了拿破仑的愤怒，但他却只能忍受。

后来他实在受不住了，就写信给父亲，说道："为了忍受这些外国孩子的嘲笑，我实在疲于解释我的贫困了，他们唯一高于我的便是金钱，至于说到高尚的思想，他们是远在我之下的。难道我应当在这些富有高傲的人之下谦卑下去吗?"

"我们没有钱，但是你必须在那里读书。"这是他父亲的回答，因此使他忍受了 5 年的痛苦。但是每一种嘲笑，每一种欺侮，每一种轻视的态度，都使他增加了决心，发誓要做出一番成就。

等他到了部队时，拿破仑矮小的身材、瘦弱的体格，注定在部队依然只能默默地活在底层。他唯有埋头读书，去努力和别人竞争。在部队里，他脸无血色，孤寂，沉闷，但是他却不停地读书。他想象自己是一个总司令，将科西嘉岛的地图画出来，地图上清楚地指出哪些地方应当布置防范，这是用数学的方法精确地计算出来的。因此，他数学的才能获得了提高，这使他第一次有机会表示他能做什么。

终于，长官看见拿破仑的学问很好，给了他一个机会：在操练场上执行一些任务，这是需要极复杂的计算能力的。他的任务完成得非常棒，于是他又获得了新的机会……就这样，他一个台阶一个台阶地往上走，直到成为举世闻名的法国皇帝。

而那些从前嘲笑他的人，随着他的步步高升逐渐涌到他面前来，想分享一点他得的奖赏；从前轻视他的人，都以成为他的朋友为荣；从前揶揄他是一个矮小、无用、死用功的人，现在也都改为尊敬他、崇拜他。

从一个破落的贵族子弟到法国皇帝，其中需要多少机会的桥梁！这些机会绝对不是从天上降下来的，而是他不停地努力而创造出来。他确实是聪明，他也确实是肯下功夫，还有一种力量比知识或努力同样重要，那就是他那种“卒子过河”的野心。

机会在于你没有机会时的持续努力，还在于你处心积虑的策划。机会是可以创造的。汉武帝即位后，在全国广纳有才干的人，东方朔得到选拔录用。汉武帝命他当公车署待诏，职位很低、俸禄微薄。东方朔很想与汉武帝接近，显示自己的才华以期受到重用，于是他策划出了一个巧妙的计策。

一天，东方朔哄骗宫中看马的侏儒们，对他们说：“你们一不能种好地；二不能疆场征战；三不能为国家出谋献策，留你们这些人只能是白白浪费粮食，又有什么用处呢？所以皇帝决定要杀掉你们。”

侏儒们听完东方朔的话，个个吓得面如土色，全都哭了起来。东方朔劝他们不要哭，应该想些办法。这些侏儒都用渴望的目光看着东方朔说：“大人能有什么办法救我们吗？”东方朔教唆他们说：“皇上就要从这里经过，你们何不叩头请罪，以求赦免呢。”

没过多久，皇帝果然前呼后拥地经过这里，侏儒们急忙跪在地上朝着皇上痛哭。皇上令手下人问原因，侏儒们回答：“东方朔告诉我们，说皇上认为我们活在世上是无用之人，要将我们全部杀掉。”

皇上听后勃然大怒，生气于东方朔如此胆大妄为，散布谣言，当即令人传见东方朔，责问道：“你为什么造朕的谣言，该当何罪?”

东方朔终于有了面见皇帝的机会，毫无惧色地说：“我活也要说，死也要说。侏儒身高三尺，俸禄是一袋粟，钱是二百四十；臣东方朔身长九尺多，俸禄也是一袋粟，钱也是二百四十。侏儒吃得饱饱的，而我却饿得要命。如果臣东方朔说的都是实理的话，请用厚礼待我；如不可采纳，请皇上准许我回家，以免白吃长安的米。”

汉武帝听后哈哈大笑，弄明白了事情的来龙去脉，遂赦免了东方朔的死罪。不久，东方朔被任命为金马门待诏，得到了皇帝的重用。

东方朔这一招死里求生的上位术，真是运用得惊心动魄。想必其若没有吃准汉武帝胸怀求贤之心、大度之心，是绝对不会贸然行此招的。因此，我们在创造机会前，应该对整个事情进行一个评估，小心机会变成危机。就上面的案例来说，要是皇帝昏庸，不问三七二十一将东方朔处死的可能性极高。

所以，在现实生活中，我们不要成天哀叹没有实现自我价值的机会。一个真正有能力的人，不是单纯地依靠等待机会来显露能力，而是能用能力来创造机会再用能力来把握机会。

机遇不等人，将不能转化为能

一家效益不错的公司，决定进一步扩大经营规模，高薪招聘营销主管。广告一打出来，报名者云集。面对众多应聘者，招聘负责人说："相马不如赛马。"为了能选拔出高素质的营销人员，他们出了一道实践性的试题：就是想办法把木梳卖给和尚。

绝大多数应聘者感到困惑不解，甚至愤怒：出家人剃度为僧，要木梳有何用？这岂不是神经错乱，故意刁难人吗？不一会儿，应聘者接连拂袖而去，几乎散尽。最后只剩下 3 个应聘者：赵宇、刘华和陈群。

负责人对剩下的 3 个应聘者交代："以 10 天为限，届时请各位将销售成果向我汇报。"

10 天期到。负责人问赵宇："卖出多少？"赵宇说："1 把。"负责人又问："怎么卖的？"

赵宇讲述了历尽的辛苦，以及受到和尚的责骂和追打的委屈。好在下山途中遇到一个小和尚，一边晒着太阳一边使劲挠着又脏又厚的头皮。赵宇灵机一动，赶忙递上了木梳，小和尚用后满心欢喜，于是买下 1 把。

负责人又问刘华："卖出多少？"刘华说："10 把。"负责人又问："怎么卖的？"

刘华说他去了一座名山古寺。由于山高风大，进香者的头发都被吹乱了。刘华找到了寺院的住持说：“蓬头垢面是对佛的不敬。应在每座庙的香案前放把木梳，供善男信女梳理鬓发。”住持采纳了刘华的建议。那山共有10座庙，于是买下10把木梳。

负责人又问陈群：“卖出多少？”陈群说：“1000把。”负责人惊问：“怎么卖的？”

陈群说，他到一个颇具盛名、香火极旺的深山宝刹，朝圣者如云，施主络绎不绝。

陈群对住持说：“凡来进香朝拜者，多有一颗虔诚的心，宝刹应有所回赠，以作纪念，保佑其平安吉祥，鼓励其多做善事。我有一批木梳，你的书法超群，可先刻上‘积善梳’3个字，然后便可做赠品。”

住持大喜，立即买下1000把木梳，并请陈群小住几天，共同出席了首次赠送积善梳的仪式。得到积善梳的施主和香客，很是高兴，一传十，十传百，朝圣者更多，香火也更旺。这还不算，住持希望陈群再多卖一些不同档次的木梳，以便分层次地赠给各种类型的施主和香客。

把木梳卖给和尚，大多数人听了都会觉得这件事太荒谬了。因为我们每个人都知道，和尚是用不着木梳的。这就是我们的惯性思维，我们遇到问题时，总习惯根据自己已有的知识，按照一种固定的思路去考虑问题，结果我们就只注意到了“和尚用不着木梳”这个常识，而忽略了木梳除了实用价值，还可以拥有其他的附加价值。

陈群想到木梳的附加价值，他把木梳作为一种礼品卖了出去。不是这个办法太高深莫测，一般人想不到，而是因为，在现实生活中，人们已经根深蒂固地形成了一种观念：木梳是梳理头发的工具，除此之外别无他用。

观念给我们在思考问题时带来倾向性，解决一般问题的时候可以起到“驾轻就熟”的积极作用。但是，很多时候它是一种障碍、一种束缚。所以，如果我们想让自己更成功，就要摆脱固定的思维模式，不断提出解决问题的新观念，你会发现一切皆有可能，机遇自然会接踵而至。

人生应该是主动的，就好比在笔直的路上前行，中途转个弯，探访不同的小径，或许会发现另一片美丽、开阔的风景，获得意外的精彩和美好。机遇就是人生路上改变命运的一条小道，只要转一下弯，就能获得一片丰收。

年轻的时候，摩斯想当一名艺术家。从英国皇家艺术学院毕业后，他信心十足地来到美国准备开创他的艺术生涯。然而，由于他的作品趋向于欧洲风格，过于专注浪漫主题的表现，所以在讲求实际的美国并不受欢迎。

1837 年，美国政府决定以历史画装饰国会大厅，需要挑选 4 位艺术家负责这项重要的工作。摩斯十分希望自己能成为其中一员，然而在揭晓的名单中却没有他的名字。经历了这次失败，摩斯发现艺术并不适合自己的发展，于是决定放弃它，开始追求另一种人生。

摩斯想起几年前到欧洲旅行时，在船上和几个朋友谈到当时人们新发现的电磁现象，他决定以此为研究方向。在历经无数次失败后，摩斯终于发明了“电报”，为人类通讯事业做出了伟大贡献。

摩斯在碰壁之后果断回头，最终获得了成功。从他的经历中我们可以悟出这样一个道理：人生的危机与转机，往往只是一线之间，转机就存在于危机之中，只有懂得变通，才能静下心来，考虑好如何抓住转机。在心境转变的同时，人生的成功机遇才可能出现在身边。

机遇如同一条新路，此路不通仍有它路，何必在不成功的道路上一错再错？假如在机遇面前不懂得变通，只会落入自己设下的陷阱之中。

在深山老林里有很多野兔，它们十分狡猾，一般缺乏经验的猎手很难捕获到它们，可是一个年轻的猎手发现了野兔的致命弱点——从来不敢走没有自己脚印的路。从那以后，一到下雪天，野兔的末日就到了。当它从窝中出来觅食时，总是小心翼翼的，一有风吹草动，就逃之夭夭。但走过长长的一段路后，如果发现周围是安全的，它返回时也会按着原路退回。这名猎人就是根据这一特点，找到野兔在雪地里留下的脚印，做一个机关，然后恢复表面的形状，第二天早上就可以去收获猎物了。

野兔致命的弱点就是不知道变通，于是不断地在自己熟悉的路上摔跤。而生活中，因为不愿意变通让自己陷入人生谷底的人也比比皆是。所以，年轻人在机遇面前，要有变通的智慧，懂得变通才能抓住改变命运的机遇，才能赢得成功。顽固只会赶走机遇，让自己与成功无缘，毕竟机遇不等人。如果坚持“我不能那么做”，你很可能就会在多年以后一事无成。

第八章

越挫越勇，苦难是人生的必修课

人生的旅途难免会遇到很多风雨，在经历困境时，有的人不敢面对，选择逃避；但有的人却能不畏艰险，勇敢面对，甚至在被打压之后越挫越勇，在逆境中成长、重生。苦难是人生的必修课，也是通往成功路上最大的考验。

成功的路上，从来都不是顺风顺水

一个人的成就，常常都是从血汗、辛苦、委屈、忍耐、受苦中，点滴累积而成。人生的大成就，往往是以大苦难作为前奏的。这是因为任何称得上成就的事情都非易事，越是成就大，苦难就越大。如果没有苦难作为成就路上的门槛，成就将因过于轻松而变得没有丝毫成就感。

因此，著名成功学大师卡耐基说："苦难是人生最好的教育。"古今中外大量事实说明，伟大的人格无法在平庸中养成，只有经历熔炼和磨难，愿望才会激发，视野才会开阔，灵魂才会升华，人生才会走向成功。一个人如果能吃常人不能吃的苦，必然能做常人不能做的事。从这个意义上来说，能吃多大苦，能享多大福。

松柏必须受得了霜寒，才能长青；寒梅必须经得起冰雪，才能吐露芬芳。生命在苦难中茁壮，思想在苦难中成熟，意志在苦难中坚强。古今中外许多有成就的人都曾得益于清贫和苦难的磨炼。佛陀六年苦行；达摩的九年苦苦面壁；王宝钏经过十八年苦守寒窑，才能为人记忆；苏秦悬梁刺股苦学有成，才能纵横六国。勾践尝过了夫差粪便之苦，方有后来的奋发图强……凡此种种，不胜枚举。可见，吃苦是人生路上的一个槛：迈得过去，你就成了命运的主人、人生的强者；不敢迈或迈不过去，你就成了命运的奴隶，人生的懦夫。安徒生总结自己一生的经验是："一个必须经过一番刻苦奋斗的生活才会有些成就。”

有时候，我们吃苦是环境所迫，不得不吃。除此之外，我们还应该主动找点苦吃。没人干的苦活、挑的累担，你来上。“宝剑锋从磨砺出，梅花香自苦寒来”，吃苦不单可以增进自己的能力，还能磨炼自己才意志。从这个角度来看，吃苦其实就是吃补。可以补意志、补知识、补才能、补道德、补灵魂。

尹明善就是这样一个饱经了苦难的人。尹明善是一个“草根创业+大器晚成”的典范，他的攀登之旅，告诉我们什么叫“穷且不坠青云之志”，什么叫皇天不负有心人。一般人不敢和尹明善比曾经承受过的苦难，就像不敢和他比现在拥有的财富一样。

尹明善在12岁时就做乡村货郎，23岁因所谓“反革命”的罪名坐了9个半月牢，后被发配到塑料厂监督劳动。直到41岁，他才结束长达20多年的“牛鬼蛇神”生涯，迎来人生的第一个春天。47岁那年，尹明善“高龄”下海，好在水性不错，现在身家达到了20亿元。现在，这位年逾古稀的老人带领他的团队，在一条被称之为“苦路”的汽车产业悲壮前行。尹明善70年的人生履历里充满了传奇色彩，他仍在为继续书写传奇而努力。

尹明善生于1938年1月，父亲是重庆涪陵乡下的一个小地主，家里颇为殷实。他在12岁以前的地主少爷日子过得还不错，但1950年后，他从地主少爷变成了地主崽子，其命运在一夜之间发生了翻天覆地的变化。尹明善的父亲，在这一年去世。

年幼的尹明善和50多岁的小脚母亲，因为成分问题，不得不离开了曾经殷实的家，住到了荒山之上一间废弃的破烂茅屋。尹明善回忆当年的日子，这样说：“那段时间，我和50多岁的老母亲相依为命。”

年事渐高的母亲和尚未成人的儿子相依为命，再加上地主成分的政治帽子，他们的日子注定是艰难无比的。一间危房、一块薄地、几个锅碗，就是他们安身糊口的所有。穷人的孩子早当家，尹明善从一个好心人手里借了五角钱作本钱，步行到城里用钱批发缝衣针，再回到乡下沿村叫卖。这个少年货郎卖一天针能赚一角多钱，以补贴家用。

做了一年多乡村货郎后，尹明善不甘就此度日，为了谋个更好的前程，他赤手空拳到重庆求学，并幸运地考上公立中学，还因成绩优异而获得了上学的各项减免与补助。从初中到高中，他的成绩都极为拔尖，深得老师和同学的器重。

当一个穷孩子苦孩子通过自己努力而改变人生的故事正在按部就班地演绎时，命运的恶作剧又一次降临到尹明善头上。在 1958 年春天的反右复查中，正读高三年级的尹明善被揭发“有右派言论”。在政治挂帅的时代，天资聪颖的尹明善被无情地终止了求学之路。1961 年，他的问题上升为“反革命”，坐了 9 个半月牢后，24 岁的他被送去劳改农场强制劳改。

命运多舛——用这四个字来形容尹明善前半生的坎坷最为贴切。艰难困苦，玉汝于成。岁月的磨砺使尹明善练就了坚韧倔强的性格。出身贫寒也好，命运多舛也罢，如果你换一个角度看，未必不是一种财富。当然，如果你在贫寒中潦倒、在多舛中随波，就谈不上什么财富了。

历史的车轮沉重地碾过尹明善青春的年华，一年又一年……1979 年，在 17 个青春的年轮被碾成碎片后，已过不惑之年的尹明善获得了迟到的自由——他被平反了。平反后的尹明善凭借自己的才学，做过电视大学、出版社编辑以及涉外公司负责人。

1985年年底，47岁“高龄”的尹明善辞了公职，下海成为一名书商。54岁那年，他押上自己的全部家当——20万元，义无反顾地投身摩托车产业，由此踏上一条辉煌的创业之路。

有志不在年高，无谋空言百岁。40岁也好，50岁也罢，年长不应该是创业的阻力。相反，年长反而可以成为创业的助力。因为相对来说，年长有了更多的阅历、经验以及资源。再说，人生也就几十个春秋，此时不搏何时再搏？

在我们身边，不乏“年轻的老人”。他们年纪或许也就40岁左右，却一副老气横秋的样子，没有半点做事的激情，总是觉得自己已经不适合创业。认为自己上有老下有小，经不起创业风风雨雨的打击。他们宁愿让内心原本强烈的冲动和欲望胎死腹中，从而在得过且过中浑浑噩噩地终其一生。他们总是喜欢说：“要是我能年轻10岁就好了。”有趣的是：这些人在10年后还是这样说。尹明善年近五旬敢于打破自己的铁饭碗，年过知天命敢于倾其所有在创业上。国际快餐业巨无霸肯德基，是美国桑德斯上校在65岁时创立的。重庆83岁老人孙重在6年前以77岁高龄创办老年公寓，投入30多万，现在已经有人出价200多万欲收购。在他们面前，我们所有怯于创业的借口多么单薄！

看了尹明善的坎坷人生，我们还有没有理由埋怨这个时代？还有没有理由总是抱怨命运对自己的不公，抱怨自己人生道路上常常会有的种种困难，抱怨自己没有条件可以创造成功呢？

固然，成功离不开机遇。但身处这样一个生机勃勃的时代，这本身难道不是我们最大的机遇吗？我们应该把握好自己的心态，果断抛开那些怨天尤人却并无任何益处的情绪。这个社会还有更多的地方，值得我们去发现、去创造。

面对残酷的现实，强者往往选择战斗

自古英雄多磨难，从来纨绔少伟男。这是一条亘古以来都颠扑不破的道理。权贵的荫泽与庇佑下的成长，如同温室里的花朵，鲜有能经受风雨的。

1975 年夏天，一个 18 岁的农村小伙子在炸鱼时不慎被雷管炸去了右手掌，此后他被迫终止了中学的学业。5 年后，23 岁的小伙子出门游历并拜师学画，立志要做一个画家。他怀揣几十元钱离开家乡，在外历经了两年的磨难：身无分文无处可去的时候，曾跟街边的流浪汉睡在一起；因为衣衫褴褛，他曾经被人当成小偷抓进了收容所……他甚至一度试图以自杀来告别苦难。

——这个小伙子叫谭传华，他于 1995 年注册了“谭木匠”商标，13 年后的今天，“谭木匠”已经是名声响亮，光加盟店就有 500 多家。

跟“谭木匠”的创始人相比，蒙牛集团的创始人同样命运多舛。现在功成名就的他，至今甚至连来自哪里、究竟姓什么、亲生父母是谁，都不知道。他是在不足一个月大时，就被贫穷多子的亲生父母以 50 元钱卖给一对夫妇做儿子的。他的养父是一个养牛的，没有孩子，家境也不怎么宽裕。在 20 世纪 50 年代和 60 年代那段苦难的日子里，养父养母努力地呵护着他。然而，命运如残暴的狼，没用丝毫温情对待他。在他 8 岁那年，养母去世；养母去世后，养父又续弦；16 岁那年，养父去世。从此，他彻彻底底变成了孤儿。作为孤儿的他得到政府照顾，于 20 岁那年被安排进了工厂。兢兢业业的他珍惜着自己来之不易的工作。在 1992 年，他因能力卓越而当上了集团副总裁。当一个穷孩子苦孩子通过自己努力有了一番成就的故事正在按部就班地演绎时，命运的恶作剧又一次降临到他头上。在 1998 年底，他被内蒙古伊利集团免去生产经营副总裁一职。

——这个人叫牛根生，蒙牛集团的创始人，现在是集团董事长和总裁。

艰难困苦，玉汝于成。出身贫寒也好，命运多舛也罢，如果你换一个角度来看，未必不是一种财富。当然，如果你在贫寒中潦倒、在多舛中随波，就谈不上什么财富了。《孟子》中有云："天降大任于斯人也，必先苦其心志，劳其筋骨，饿其体肤，空乏其身，行拂乱其所为，所以动心忍性，增益其所不能。"这篇文章我们在中学时代都读过，只是中学时代的我们没有多少人生的历练，并不能对这篇文章产生太深的共鸣。如今，回头来看，对于出身平凡或出身贫寒，以及遭受或正遭受磨难的人来说，孟子至少告诉了我们两点。

第一，将相本无种，英雄不怕出身低。古时如此，而今亦然。第二，所有的磨难与困苦，都可以成为锻炼能力和增强心志的手段。磨难与困苦源于外界，能力与坚韧激发于自身。

我们大家都有自己美丽的梦想，都在努力地行走、奔跑，只为了更好地生活。然而，世界是丰富的，有许多东西令人满意，也有许多东西令人讨厌。不管我们愿不愿意接受，两者都会不期而至。

当痛苦如冰雹从天而降，我们可能会自言自语："为什么受伤的总是我呢？我已经足够努力了，也足够倒霉了，为什么命运总是要和我作对，这个世界真的太不公平了。"有谁没有沮丧过呢？然而，如果你一味让自己在沮丧中怨恨与绝望，就永远也无法让自己在人格上成熟起来。面对残酷的现实，弱者会诅咒，而强者选择的是战斗。

奥里森·马登说："最高贵的绅士，他能以最不可动摇的决心来选择正义的事业；他能完全抵制住最不可抗拒的诱惑；他能面带微笑地承受着最沉重的压力；他能以平静的心态来面对最猛烈的暴风雨；他能以最无畏的勇气来对付任何威胁与阻力；他能以最坚韧的个性来捍卫对真理与美德的信仰。"

人生的风雨是立世的训谕，生活的苦难是人生的老师。谭传华们并没有因苦难而一味沉沦。有一句意大利谚语是这样说的："即使水果成熟前，味道也是苦的。不经过霜打的柿子，不会变得绵软可口。"

选择了成功，就做好迎接苦难的准备

选择成功固然可喜可贺，它会让我们成为一个与众不同的优秀的人，还会给我们带来丰厚的奖赏。然而我们必须清晰地认识到我们选定了艰难的成功事业，也就是我们不幸的开始。因为所有的成功都需要付出代价，就像歌里唱的：不经历风雨怎么见彩虹，没有人能随随便便成功。

人生是无法回避艰辛和苦难的。它的本身就已很不轻松，可你又偏偏给它加码——选择了并非容易获得的成功。

很多追求成功的人在他人看来纯粹是自讨苦吃。因为他是那么执着，那么的“不撞南墙不回头”，不惜一次又一次从头开始……追求成功的人不肯轻言放弃，在他们看来，没有成功的人生毫无意义。他们坚持自己的信念，矢志不渝。他们知道自己选择了一条艰难的路，因为成功从来不会一帆风顺。

1992 年，如同大多数看了电影《少林寺》的孩子一样，农家娃王宝强跟父亲吵着要去少林寺学武。穷人家的孩子如草一样，在哪里都一样倔强生长。所以王宝强的父母也没有怎么犹豫，就将 8 岁的儿子从河北南和县送到了河南的少林寺。

少林寺的学武生涯，难免是“床硬、饭冷、活重”，不少原先怀着一腔热血的孩子挨不了多久，就想方设法回家了。王宝强不怕吃苦，他在少林寺潜心学武。一转眼，六年过去了，当年瘦弱的儿童已经成了精壮的小男子汉。

1998 年，14 岁的王宝强离开了少林寺，回到家乡。王宝强家里很穷，而在家乡那片贫瘠的土地上，王宝强找不到改变家庭与自己的命运的舞台。于是，在 1999 年 3 月，15 岁的王宝强来到了北京，决心像他的同门前辈李连杰一样，靠当武打演员改变自己的命运。

然而，想要有所成就就要历经磨难。有道是“长安米贵，居大不易”，想当年一身才学的白居易闯荡京城长安（西安），也难免有不如意之时。对于 15 岁的王宝强来说，北京的“米”也同样地贵，生存的压力让他焦头烂额。北影厂门口常年聚集着一大群等候群众演员角色的人，王宝强也混迹其中，如同旧社会一个插着草标的卖身者。

当群众演员，一天也只有 20 元钱的报酬，并且这样的机会也不多。更多的时候还是没电影可拍，为了生计，王宝强找工地打零工，搬砖和泥筛沙，什么都干。王宝强在北京待了 3 年，始终挣扎在温饱的边缘。但他始终没有放弃自己的演员梦，因为他太渴望成功了。

2002 年，因为原定的主角夏雨档期不合，电影《盲井》的主角砸到了王宝强头上。《盲井》让王宝强拿了那一年的台湾电影大奖——金马奖最佳新人奖。没多久，他就得到了与一些大牌明星同台演出的机会。被冯小刚挑选出演当时自己的新片《天下无贼》，在电视剧《暗算》里演好瞎子阿炳。2007 年，《士兵突击》更是将王宝强的声誉推到了极致。后来王宝强签约著名的“华谊兄弟”旗下，成为影视圈里的一线演员。

王宝强成功了，而面对别人的赞美和夸奖，他这样说：“路还太远，我才二十多岁。人生就像登山，我希望自己永远不要登到峰顶。每天一点点往上爬，以后的路还很艰难，根基打好，一点点往上走。”

其实，人生就是这样，想要少经历一点磨难，那就去庸庸碌碌地过一辈子。如果你还有着对成功的渴望，对美好未来的向往，那就一定要做好迎接苦难的准备。

每一种成功，都是由惨痛的失败堆砌的

世上可能有一帆风顺的爱情，但一定没有一帆风顺的事业。能称得上“事业”的，绝不是一般的事情或职业，而是一项复杂的、牵涉面积较广的系统工程，随时都有千变万化的情况出现。因此，谁也不能保证我们的事业能百分之百地顺利实施。面对挫折时，我们想办法克服，并从挫折中吸取经验；那么，就算目的没有达到，我们也是有收获的，是成功的。

对于事业上的成功，马云是这样诠释的：“我无法定义成功，但我知道什么是失败！成功不在于你做成了多少，在于你做了什么，历练了什么！”他还说：“人要被狠狠 PK 过，才会有出息！”

传说中，作为人世间幸福使者的凤凰，每隔 500 年就要背负着积累于人世间的所有不快和仇恨恩怨，投身于熊熊烈火中自焚，以生命和美丽的终结换取人世的祥和、幸福。同样，在肉体经受了巨大的痛苦和轮回后，它们才能以更美好的躯体重生。凤凰在梧桐枝上自焚，于烈火中新生，其羽更丰，其音更清，其神更髓。这就是“凤凰涅槃”的典故。让我们来回首马云曾经踉跄的脚步，看他是如何在磨难中凤凰涅槃。

马云的第一次创业是在 1992 年，在杭州某学院当英语老师的他和同事筹集了 3000 元钱，开办了海博翻译社。当时马云的英语在杭州翻译界颇有名气，因此很多人慕名请马云做翻译，马云做不过来，

就伙同一个同事成立了海博翻译社，请退休老师做翻译。海博一个月的房租是2400元，但开业的第一个月总收入才700元。为生存下去，马云背着大麻袋到义乌、广州去进货，海博翻译社开始卖鲜花，卖礼品。马云还曾经销售过一年的医药，推销对象上至大医院，下至赤脚医生。1994年海博持平，1995年开始赚钱，但效益也不怎么理想。马云在1995年年放弃了这份事业。他在这场小试牛刀的创业中，得到一个宝贵的教训：没有好的制度是公司的灾难，小公司也需要制度、也需要体系。这个教训来自公司聘请的出纳每天从收入里至少私抽一二百块钱，多的时候居然达一天700多元——那天他们的实际收入是1100多元，出纳居然只报400元！

1995年年初，作为杭州工业学院的外办主任的马云辞了公职。同年4月，中国第一家互联网商业公司杭州海博电脑服务有限公司成立，网站取名“中国黄页”。三名员工是马云、马云夫人张瑛和何一兵。此时离中国电信通互联网还有4个月。在经营中国黄页的时候，马云遇上了一个重量级对手——注册资本是2.4亿人民币的中国电信浙江杭州分公司（马云的中国黄页的注册资本是5万元人民币）。在实力完全不对等的较量中，大象一时踩不死蚂蚁，蚂蚁也根本撼不动大象。你来我往的过招后，双方终于坐下来谈合作。谈判很顺利，1996年3月，中国黄页将资产折合成60万人民币，占30%的股份；杭州电信投入资金140万人民币，占70%的股份。马云一想有了140万人民币注入就可以大干一场，高兴地答应了。但后来才发现灾难来了，原来对方出140万只是想把他这个竞争对手控制住。在董事会里面对方是5票，马云这方只有2票，每次开董事会，马云总是面临2比5的制约，开很多次也通不过决议。马云这时才醒悟到自己拿到了钱却丢掉了自己最宝贵的自主权。处于尴尬中的马云，与杭州分公司的合作维持了 1 年，就主动放弃了自己的公司。马云的第二次创业没有成功，但他从这次经历中总结出一点教训：企业家不能被资本所控制。同时，当他后来有了雄厚的资本后，也推己及人地不用资本去控制创业者。

马云在经历两次创业挫折后，马上又全身心地投入了第三次创业。1997 年年底，他受国家外经贸部的邀请，北上给外经贸部做网站，让外经贸部成了中国第一个上网的部级单位。马云在北京租了一个不到 20 平方米的小房间，没日没夜地干活。“中国第一个网站交易市场是我们做的，第一个进出口交易所是我们做的。政府和我们这些人合作得很愉快。”马云曾经这么说。但是后来，由于在业务的方向是帮助中小企业还是大企业上出现分歧，使马云无比苦恼，这次合作最终也以失败告终。1999 年年初，马云回到了杭州。尽管公司赚了 287 万元的利润，但是马云除了工资之外没有拿到任何红利。关于这场风波的缘起，有各种版本，但根据马云自己的说法，是因为他没有分清朋友和上下级的关系。他们反省了自身，认为在今后的创业中，应该清楚地区分好朋友与上下级关系。

回到杭州，马云马上创办了一家名叫阿里巴巴的网站。马云的“孩子”在诞生时，几乎是赤条条地来到这个世间的。无充足的资金、无成熟的技术、无办公的场地。但马云并非一无所有，他有了足够丰富的经验教训。他的每一个挫折，都让他更加聪明。

对于如何面对人生的磨难，马云这么说：“创业这么多年，我遇到了太多的倒霉事，但只要有一点好事，我就会让自己非常开心，左手温暖右手。”他还说：“所以对于我来讲这十年以来任何失败、成功，取得的这些经历是我最大得财富，有的时候可能要失败、有的时候不失败。比方说雅虎的并购，我们前期没有想过，在并购的时候没想到那么大麻烦，我一个一个解决往前走，这就是经历，失败了也是经历。人一辈子不会因为你做过什么而后悔、很多的时候因为你没做过什么而后悔。创业者的心态要平衡好，你从第一天创业的时候要知道自己走的路是曲折的路。越来越觉得这是正确的路，这样才会让创业者心态永远平衡。”

2008 年是中国经济的一个冬天，无数中小企业在寒风中凋谢，剩下的也在风中瑟瑟发抖。中小企业哀鸿遍野，与中小企业休戚与共的阿里巴巴公司会捷报频传？

一向自信满满的阿里巴巴集团董事局主席马云，却在那年 7 月 23 日的晚上，给所有员工发出了题为《冬天的使命》的内部邮件。在这封邮件中，马云一脸寒气地抛出了“过冬论”：“我们对全球经济的基本判断是经济将会出现较大的问题，未来几年经济可能进入衰退期。我的看法是，整个经济形势不容乐观，国内很多企业的生存将面临极大挑战。接下来的冬天会比大家想象的更长！更寒冷！更复杂！”他向员工们呼吁：“准备过冬吧！”

当然，危机中也蕴含契机。如果阿里巴巴能够在困境中真正地帮助国内外中小企业客户改变不利的经济格局，一起渡过难关，那么它也许会在未来几年成为全世界最大的电子商务服务提供商。马云似乎看到了这线曙光：“十年以后因为今天的变革，我们将会看到一个不同的世界。”

武林高手比的是经历了多少磨难，而不是取得过多少成功。弱者在错误中懊悔、倒下，而强者在错误中学习成长。马云说他在经营阿里巴巴时犯下一千零一个错误。对于马云这样的强者来说，经历了那么多错误，会增长多少智慧啊。

超越苦难，屡败屡战才是真正的强者

大丈夫是指男人中的精英。只有那些胸怀大志，意志坚强，永不言败的铮铮铁汉，才有资格称得起大丈夫。

然而“大丈夫”却不一定是成功的代名词，恰恰相反，它更具有悲壮的英雄色彩。也就是说，更多的时候，人们用它来赞美那些跌倒在地，却执着地爬起来的失败者。

一次失败，可以使我们学到很多，它是迈向成功的一小步。如果我们继续前进，失败越多，就离成功越近。许多人一遇到失败便不再努力，觉得失败了就不可能再成功，仿佛那是一座不可逾越的高山。其实，再高的山我们也可以翻越，只要我们还有勇气和信心。不要被一次次的失败打倒，失败不等于最后失败。

有一人问一个小孩，你是怎样学会溜冰的。那个小孩回答道：“哦，跌倒了再爬起来，爬起来再跌倒，就学会了。”使得一个人成功的，实际上就是这种“屡败屡战”的精神。

他是一个拓荒者的儿子，童年暗淡无光，长大后，因为不得体的穿着，一直受到别人的讥讽与欺侮。让我们看看他一生的苦难与荣光：

1816 年，家人被赶出了居住的地方，那年他还只有 7 岁。

1818 年，年仅 9 岁的他永远失去了母亲。

1831 年，他经商失败。

1832年，他竞选州议员没有成功。同年，他的工作也丢了，想就读法学院，但又进不去。

1833年，他向朋友借了一些钱，再次经商，但年底就破产了。接下来他花了16年的时间，才把欠债还清。

1834年，再次竞选州议员，这次命运垂青了他，他赢了！

1835年，订婚后即将结婚时，未婚妻却死了，因此他的心也碎了。

1836年，精神完全崩溃的他，卧病在床6个月。

1838年，争取成为州议员的发言人，没有成功。

1840年，争取成为选举人，没有成功。

1843年，参加国会大选，没有成功。

1847年，作为辉格党的代表，参加了国会议员的竞选，获得了成功，

1848年，寻求国会议员连任，没有成功。

1849年，他想在自己的州内担任土地局长的工作，但被拒绝了。

1854年，竞选美国参议员，没有成功。

1856年，在共和党的全国代表大会上争取副总统的提名，但得票不到100张。

1858年，再度竞选美国参议员，还是没有成功。

1860年，当选美国总统。

这个人的名字叫亚伯拉罕·林肯（1809—1865），美国第16任总统。林肯是美国最伟大的总统之一，但他更是一个从种种不幸、失落中走出来的坚强的人。如果不是因为具有那种面对苦难、坚强应对的精神，他就不会在经历了如此多的打击之后，还能进驻白宫。

1860年，林肯被共和党提名为美国总统候选人，11月6日，林

肯当选为总统。林肯当选总统是对南方奴隶制的一个致命打击。奴隶主们为挽救奴隶制的灭亡，1861 年 2 月 4 日，南部七个蓄奴州宣布成立“美利坚诸州同盟，”并组成军队制造分裂。林肯在这种情况下，于 3 月 4 日宣誓就职。

刚学剃头就遇上癞子。林肯正式就职才 1 个多月，4 月 12 日南部同盟就炮轰萨姆特要塞，用大炮向林肯发起了挑战。6 月 29 日，林肯召开内阁会议，会议决定在 7 月 21 日于马纳萨斯与叛军决战。由于联邦军指挥的不利而被叛军打败。10 月下旬，联邦军再次被叛军在包尔斯打败，联邦军虽然接连失败，但并未动摇林肯镇压叛乱的决心。1862 年 2 月下旬，林肯命令联邦军分三路向叛军进攻。联邦军在西线和南线都取得了进展，而东线却遭到惨败，使华盛顿直接暴露在叛军的威胁下。战争的失利引起人民的不满，要求林肯采取措施，扭转战局。在人民的推动下，1862 年林肯政府先后公布了《宅地法》和《解放黑人奴隶宣言》。获得土地的农民和获得解放的奴隶，纷纷拿起武器，投入到反对叛乱的斗争行列之中，使战争的有利因素在 1863 年 7 月转到联邦军方面。1863 年，林肯为了分化南方，着手制定重建南方的计划。1864 年美国进行总统选举活动，林肯再次被选为总统。

林肯的奋进之路充满坎坷。从一个农民成长为一个总统，他付出了常人难以想象的代价……但是他从未停止前进，他以自己独特的领导方式，保全了美国，解放了黑奴，成为美国最伟大的总统之一。有人曾为林肯做过统计，说他一生只成功过 3 次，但失败过 35 次，不过第 3 次成功使他当上了美国总统。事实也的确如此。而最终使他得到命运的第三次垂青，或者说争取到第三次成功的，完全是他的坚强。在他竞选参议员落选的时候，他就说过：“此路艰辛而泥泞，我一只脚滑了一下，另一只脚因而站不稳。但我缓口气，告诉自己，这不过是滑一跤，并不是死去而爬不起来。”

不停地超越苦难，在屡败之后还能屡战的人，是值得我们尊敬的人。谈到“屡败屡战”这一句话，怎么也绕不过晚清的曾国藩。这个进士出身的文人，于1852年奉命回湘办团练，团练初具规模后的前几年，他唯一做得成功的一件事就是只打败仗。从1854年练成水陆师出征，到1860年兵败羊栈岭，曾国藩可谓一败再败，小的败仗不计其数，大的惨败就有四场：1854年湘军初征就在岳州被太平军打得落花流水；1855年在江西鄱阳湖全军覆灭，连自己的座船也被抢走；1858年，部将李续宾率部血战三河镇，6000兵勇无一生还，三湘大地处处缟素；1860年，李秀成破羊栈岭，曾国藩在60里外的大营中写好遗书、帐悬佩刀，以求一死，好在李秀成主动退兵。

就像凤凰从烈火中涅槃，这个被满族大臣们讥笑为“屡战屡败”的常败将军曾国藩，最终用“屡败屡战”的勇气与决绝，打到南京，用行动证明了自己是一个强者。

能不费多大曲折就能成功的事，算不上大事。举凡强者，必有异于常人之大事业。而世间能称之为大事的事，岂可轻而易举？好事多磨，不经过九曲十八弯，没有“屡败屡战”勇毅，几乎没有可能成为强者。

屡战屡败的人在别人眼中统统是傻瓜，而最终获得成功的恰恰是这些目标始终如一、屡败屡战的傻瓜。屡战屡败或许是一种无能的象征，但屡败屡战则是一种超越了苦难的力量。有了这样力量的人，足以在失败之后为自己开辟一片新天地。

拿得起放得下，输得起才赢得风光

古人说："胜败乃兵家常事。"我们人生中的竞争也一样，输赢是常事，我们既要赢得起，也要输得起，输得起才赢得起。常见奥运会上的中国健儿，有的因为发挥失常，在比赛中折戟沉沙，功败垂成，但他们离开赛场那一刻，依旧坦然自若，面对观众愧疚的一笑，和对手友好的握手拥抱，败了也不失大家风度。

俞敏洪说，人要有面对失败的勇气。他介绍，他在自己的生命历程中遭遇过很多次失败，但是不断地失败使他知道，坦然面对挫折和失败应该成为一种常态。一个人只有输得起，才能赢得起。

当年越王勾践兵败被俘时，输了江山，输了王位，输了尊严。真可谓输得精光。但他输了就输了，他忍受各种难以想象的凌辱，才换回了自己的自由。是苟且偷生吗？非也，他最终用吴王的鲜血洗刷了自己的耻辱。

还有一个例子。楚汉相争时，刘邦很少占上风，老是被项羽欺侮。刘邦先打下关中咸阳（秦都），按照刘项原先的约定"先入关中者王之"，是刘邦当王。但项羽仗着手里兵强马壮，不遵守约定就在彭城称王。刘邦心里有气，但没办法，只得忍气吞声装傻认输。项羽称王不打紧，一口气封了18个诸侯，却只给灭秦立了大功的刘邦一个小小的汉王，封地是当时边远的巴、蜀、汉中（汉中稍好）等地。刘邦还是没脾气，只得委曲求全，远赴封地。刘邦输得起。而等到后来刘邦势强，将项羽追杀到乌江边时，项羽输不起了。输了多没面子，无颜见江东父老啊，于是用自杀的方式彻底毁灭自己。一个输得起，一个输不起，境界不同，成就的事业也就有了高下之分。

认输比逞强需要更大的勇气。慷慨赴死易，委曲求全难。也正是这个缘由，项羽才会自刎于乌江河畔。

韩国的三星电子现在是一个国际知名品牌，其创始人李秉带领着三星走过无数坎坷、方成大器。李秉并非神仙，他也有过重大失误。三星之所以没有深陷在失误的泥淖里沉没，完全是因为李秉及时退出的勇气与行动。在回顾他辉煌的一生时，李秉说过这样一句话："做事应该有上阵的勇气，也要有及时退出的勇气。"

李秉所谓的"退出的勇气"，其实就是一种"认输"的勇气与智慧。三星经营原则中很重要的一点，就是既敢于开拓，又勇于退出。李秉先生曾说过："如果没有 100% 的把握，那就不要上马。一旦决定某一种项目，就要全力以赴。如果认为没有胜算，那就赶快退出来。"

1973 年，三星与日本造船业的巨头 H 公司合作，在韩国庆尚南道买下 150 万坪土地准备建造世界最大规模的造船厂。但当时由于石油危机，世界造船业陷入困境，有的客户甚至放弃订单，要求取消合同。三星一看行情不利，就毅然决定该项目暂时不上马。后来，李秉先生回顾说："如果当时那个造船厂上马，对三星的打击肯定是非常巨大的。做事应该有上阵的勇气，也要有及时退出的勇气。"

李秉的这次撤出虽然令自己"脸上无光"，但却避免了陷入一场不停投资却没有多大回报希望的泥潭。李秉认为：若不及早撤出，那么大型造船厂将很可能成为三星公司的"滑铁卢"，与其坐等因造船而全军覆没，不如另辟蹊径，别处生花。

做事必须能屈能伸。只能屈不能伸的人是庸才，只能伸不能屈的是骄兵，都不能真正顺应时势，成就一番丰功伟业。无论做什么事，在黎明前的黑暗一定要咬紧牙关挺住。但在实际操作之中，有些事经过仔细分析后，断无咸鱼翻身的可能。这时，唯有承认现实，保存实力。因此，“坚持”与“放弃”并不矛盾。他们是相辅相成，可以互补的。

当恶果已经酿成，我们除了接受，还能怎么样呢。要改变是吗？那也是后来的事情了，我们先需要接受。当接受了最坏的情况之后，我们就不会再损失什么。这盘棋输了，我认输，我和你再来一盘。拿得起就要放得下，要不然就不要拿。赢得起也要输得起，要不然就不要去搏。

“在面对最坏的情况之后，”心理学家威利·卡瑞尔告诉我们说，“我马上就轻松下来，感到一种好几天来没有经历过的平静。然后，我就能思考了。”应用心理学家威廉·詹姆斯教授曾经告诉他的学生说：“你要愿意承担这种情况，因为能接受既成的事实，就是克服随之而来的任何不幸的第一个步骤。”

胜败乃兵家常事，即便是输也要输得起，输得起才会不至于一蹶不振，输得起才会韬光养晦，静待时机，卷土重来，输得起才不会心态失衡，不至于盲目攀比，盲目嫉妒。君子爱赢，也应取之有道。我们每一个人都要积极努力地去学习、工作，掌握人生竞技的本领，争取人生的胜利。

每一种创伤，都是一种成熟

生活有时候会让我们遍体鳞伤，但到后来，那些受伤的地方一定会变成我们最强壮的地方：我们会在创伤中逐渐成长，并趋于成熟。

人生并非一帆风顺。我们都是经过挫折、尝试、创伤而逐渐成熟。爱默生说过："我们的力量来自我们的软弱，直到我们被戳、被刺，甚至被伤害到疼痛的程度时，才会唤醒那被包藏着的神秘力量。只有这些力量被摇醒、被折磨，便激励我们学习一些东西了。此时我们会运用自己的智慧，发挥自己的刚毅精神，学会了解事实真相，从自己的无知中学习经验，磨炼自己的意志，最后，学会调整自己并且掌握真正的技巧。"

"长大以后，为了理想而努力，渐渐地忽略了父亲母亲和故乡的消息。如今的我，生活就像在演戏，说着言不由衷的话、戴着伪善的面具，总是拿着微不足道的成就来骗自己。总是莫名其妙感到一阵的空虚，总是靠一点酒精的麻醉才能够睡去。在半睡半醒之间仿佛又听见水手说，他说风雨中这点痛算什么！擦干泪不要怕至少我们还有梦！他说风雨中这点痛算什么，擦干泪不要问为什么！"

这是身残志坚的台湾歌手郑智化的《水手》。在受伤的时候，你不妨听听这首歌。人生就像一条河，而我们就是游弋在河中的水手。在河流中泅渡免不了会受些伤，只有不怕河中的滔天巨浪，不怕在河中淹死，才可能游到成功的彼岸。人们赞美游到彼岸的英雄，却容易忘记他在泅渡大河中也曾有过挫折。

当伤害如利箭射来，痛彻心扉，已经够惨了，若不知疗伤止痛，会让伤口无法结痂复原，岂不是欠缺些智慧？对于外界所起的变化，要能既不洋洋得意于顺境，亦不沉湎于痛苦的逆境，这不是一件容易的事，当我们面对人生时，总是携带着快乐和痛苦、悲哀与幸福，这些都是使人成熟的岁月的标记，也是心灵的刻痕。走过人生才会发现，原来，创伤也是一种成熟，而成熟就是一种美。

蛹在成为蝴蝶之前，会经历痛苦的蠕动和挣扎，只有这样，它才能蜕变出美丽的翅膀和轻盈的身体。化蝶之理，对人亦同！也许在获得成功之前，我们会必不可少地经历痛苦，可只有在痛苦过后，品尝到的幸福才更香、更甜！

其实在生活中，很多时候我们就如那小小的蛹，经常陷于一种生存的窒息状态，或是处于绝望的境地。这就需要我们用智慧和良好心态去突破将自己包裹起来的厚重外壳，尽管这一过程会很痛苦，但于生命的重生，它又实在是一种必需。所以破茧成蝶，是人生的一种境界。能够破茧成蝶，就会有重获新生的欢乐和快慰。

一个偶然的机会，伊黛和邓肯太太合作成立的“少女公司”，生产出一种在当时很“前卫”的胸罩，在市场上十分走俏。所产生的巨大利益空间吸引竞争者们纷纷加入。为了增强竞争力，伊黛打算暂时不分配利润，并尽可能借钱，购买机器设备，雇佣员工，扩大生产规模。

邓肯太太只是一个普通的家庭妇女，不像伊黛那么有野心，她对现在赚到的钱已经心满意足了，而且担心举债经营会赔掉已经到手的成果。她坚决要求及时分配利润。两人的意见发生严重分歧，只好解散合作。

当时，公司刚刚以分期付款方式购置了一批新设备，两人散伙后，现金全被邓肯太太带走，伊黛还得借一笔钱支付她的红利，这样，公司只剩下一些机器和一大笔债务，陷入无米下锅的窘境。伊黛出去找新的合伙人，没有人愿意合作；向人借钱，得到的回答都是“不”。因为这场内讧使人们误以为“少女公司”的生产经营遇到了严重阻碍。更糟糕的是，不明真相的债权人纷纷登门逼债，让伊黛穷于应付。许多员工们以为公司大势已去，纷纷跳槽，200 多名员工最后只有 30 多人留下来。

伊黛遭此打击，难免灰心丧气。但她知道，唉声叹气对结果没有任何好处，只能多想想解决问题的办法。经过几个不眠之夜的反复思考，伊黛确定了“安定内部、寻找外援”的思路。

首先，她设法稳住留下来的几十个员工，不给外界一个“已经倒闭”的印象。她开诚布公地向员工们说明了公司的真实情况，并宣布将十分之一的股权分配给他们。这样，员工离职的现象就再也没有发生过了。

接下来，伊黛积极筹措资金。经过多次碰壁后，她从银行家约翰逊那里获得了 50 万美元贷款。有了资金，“少女公司”立即焕发生机，它的业务成长得比以前更快。

在伊黛不断的努力经营之下，“少女公司”的产品从胸罩扩大到睡衣、泳装、内衣等，产品畅销 100 多个国家，最终“少女公司”成为一家世界性著名的大公司。

伊黛作为一位杰出的女性，她对坚强的理解更为深刻，并以此来告诫她的子女：“当坏事已经降临，悔恨、抱怨、痛苦没有任何意义，唯有从事情变坏的原因着手，设法改变它，以免事情变得更坏和同样的坏事再一次发生。这才是有意义的做法。”

任何一件事都是由许多要素构成，没有哪件事能够全部做对或会全部做错。所谓失败，通常只是某些应该做好的事情没有做好，并不是一无是处。只要认识到失败的存在，找到原因，搞清哪些事情没有做好，下次加以改进，同样的失败就不会再发生了。如果确实是因能力不足所致，也要以比较平静的心情接受失败的结果，吸取教训，但不要因懊恼而损害自己的心灵及身体。